日本を救うのは「ヤマトごころ」と「武士道」の復活

池田整治

はじめに

ああ……日本だけが世界の進化の流れのなかで取り残されていく……。

2019年6月30日、第3回米朝首脳会談が板門店でおこなわれました。史上初めてアメリカ大統領が、国際法上は未だ戦争状態にある敵国・北朝鮮の領土を訪問したのです。戦後から続く「極東冷戦構造」のもう一つの主役ともいえる日本にとっては、まさに寝耳に水……「奇襲」を受けたようなものです。

その直前までG20でトランプ大統領は、日本に滞在し、北朝鮮問題も日米首脳会談で重要テーマとして意見交換もしていました。それなのに日本は、世界から情報封鎖され、相手にされなくなったのです。何故でしょうか？

拙著『未だ占領下にある日本の是非を問う』（コスミック出版）で述べたように、アメリカ・韓国・北朝鮮の3首脳の間では、すでに南北平和・冷戦構造の解消の筋道はできているのです。

ただし、この対立構造から膨大な利益を享受してきた「世界金融支配体制（144ページ参照）」の妨害を受けないために、彼らの完全支配下にある日本を「蚊帳《かや》の外」に置いています。

日本は韓国の戦後復興、そしてアメリカがアジアで覇権を維持するためのアメリカ軍駐留に、膨大な経済支援をおこなってきました。だから、日本からの「お金」なくして現代の韓国やアメリカ軍の存在はありえないはずです。秘密裏に南北和解への道の「耳打ち」ぐらいしてくれてもおかしくない関係なのに、それさえしてもらえない日本の「現状」の異常性に気づくときなのです。

まさに日本の現状は、本来の使命を封印され、滅びの道を歩まされているのです。

3・11フクシマ以降は、原発によるセシウムボール等放射能汚染の真実が世界に広まり、世界は脱原発に舵を切りました。世界は今、ギリギリのところで「滅びの道」から「永久の道」に方向転換しようとしています。一方、「世界金融支配体制」は、相変わらず「戦争」と「薬」で富を収奪しつつ人口削減を謀っています。

具体的には、「化学物質」「放射能」「遺伝子組み換え食品」「電磁波」「子宮頸がん予防ワクチン」などの戦後の「社会毒」でDNAを破壊して、三代で民族を滅亡させ、彼らのいう5億の適正人口にしようとしています（5億人に有色人種はいない）。そればかりか、400年の白人植民地支配体制を、先の大戦で一気に「消滅」させた日本人だけは、絶対に許せないでいるのです。

考えてみてください。アメリカは国立がん研究所（NCI）で石油由来の抗がん剤の危険性を発表し、あるいは江戸時代の「日本食」が最善の口養生と1977年アメリカ合衆国上院特別栄養委員会報告書（通称「マクガバン・レポート」）で明示しました。その結果、がん患者が増えているのは、先進国では「マクガバンレポート」を無視している日本だけ……。

また、遺伝子組み換え食物と除草剤「ラウンドアップ」（モンサント社・ベトナム戦争で使われた「枯葉剤」をつくったアメリカのバイオ化学メーカー）の相乗効果の危険性（発がん性や遺伝子への影響など）がわかり、モンサント社の「ラウンドアップ」や「ラウンドアップ耐性遺伝子組み換え食品」は世界の国々から追放されました。にもかかわらず、日本では「ラウンドアップ」が「安全な除草剤」という宣伝文句などで農協やホームセンターなどで販売されているのです。

ちなみにドイツでは、国民の健康のために食品化学添加物は10種に減らされています。一方、日本の食品化学添加物は２０００種にも増え、

TPP締結以降は4000種になると見積もられています。

一番安全な食材が集められる東京五輪の選手村でさえも、世界の安全基準に達せず、ドイツなどは選手の派遣を躊躇《ちゅうちょ》しているといわれています。

まさに、日本は「滅びの道」まっしぐらなのです。

約2700年前に、戦乱となったアラビアのエルサレムから愛の遺伝子をもつ古代イスラエル人・ヤマトの民が、戦いを避けてこの日本列島に移住し、スメラミコト（古代日本における天皇の読み方の一つ）を核心とする「愛（徳）の国」日本王朝を立ち上げました（この「失われたイスラエル10支族の東への道」と呼ばれる歴史は、聖書では完璧に封印されている）。

そして、イスラエル10支族がエルサレムから去ったあと、世界はエゴの争いでついに「泥」になってしまう。そのとき、ヤマトの民が泥の海に出て使える魂を拾い上げ、宇宙の高い魂とともに、本来の「すべては一つ」の地球文明を再興するという預言があったのです。

このような歴史を振り返ってみると、なぜ日本だけが完璧に「情報封鎖」されて、DNAを破壊されて、滅びの道を歩まされているのかがわかってくると思います。

その一方で、日本人の地球史的な「役割」も見えてきます。

それは、世界を本来の「愛の星」にするために「世界金融支配体制」の軛《くびき》を解放する――それには「武士道」、つまり「戈《たたかい》を止める道」しかありません。

襲ってくる敵の武器を落とし、無力化したうえで、高い霊性で感化・教育し、意識向上させて、味方にしていく……。地球は一つ。すべては一つ。

特に、「空手道に先手なし」とあるように、空手はすべての型が「受け」で始まります。一撃で敵をも殺す「極め」の技を体得しているからこそ、

「受け」が生きるのです。それゆえに、物事の「真髄」を見極めることもできるのだと思います。

このため、本書は二部構成としました。

前編は、幼少から見えない糸での空手道への導きの足跡と武士道の神髄を、後編は、武士道精神で見切った真の日本を取り巻く世界情勢を、10年近くの歳月をかけて書き積んできた拙稿の中から抜粋してお届けします。

そして本書が、日本の「ヤマトごころ」復活の一助となり、ひいては地球を「愛の星」へ導く燭光《ともしび》にならんことを祈ります。

池田整治

目次

第2章 我が日本を憂う 145

第1章

私と空手道

01 先《さき》んずれば人を制す！

ふるさと一本松（現・愛媛県南宇和郡愛南町一本松）を15歳で出て、もう40年が過ぎた。それでも父母が健在のときは父との対話を楽しみに、盆正月はほとんど帰省した。7年前に母を亡くしてからは、父母があってこそのふるさとなのだとしみじみ思う。

懐かしき、ふるさとの思い出

かつてのふるさとには、失われた原日本風景の、自然と一体化した家族・地域社会の絆があった。

この世に生を受けてもの心つくころには、夜明前から牛のえさの草を田んぼのあぜ道に刈り取りにいく父の後ろ姿を見て育った。やがて自分用の小さな「鎌《かま》」

ふるさと・愛媛県南宇和郡愛南町一本松（著者撮影）

をもらって、竹細工で槇《まき》の実鉄砲・紙鉄砲・水鉄砲などをつくって遊んだ。また、その鎌で削ってつくった50センチぐらいの木製の帆船を家に隣接する大根池に浮かべて遊んだ。

山まで歩いていけるようになると、薙刀《なぎなた》のような大鎌を体格にあわせてつくってもらい、父母と一緒に植林の下草刈りをおこなった。昼食時や休憩時に食べた母の手づくりの弁当や、家の前に植えている木から取っていった柿やミカン、枇杷の味が今でも懐かしい。

奥山の急斜面で踏ん張って大鎌を

振りおろしたり、稲こきの藁《わら》を全身で放り投げたり、鍬《くわ》を振りおろしたりする運動が、自然とその後の野球や空手道の運動の、特に足腰の粘りに結びついていると思う。

また相撲の名人だった父には、「大腰払い」を教えてもらった。

生きる術《すべ》を教えてくれた父

当時、春の節句には、岡駄馬《おかんだば》常会約30軒が、「山の神」という部落の鎮守《ちんじゅ》様の山の中腹にこしらえた相撲場に年一度のご馳走を重箱に詰めて集まって、子供たちが奉納相撲をおこなった。勝てば5円、3連勝すれば50円の「大金」がもらえる。

さらに夏になると年一度、5つの常会からなる広見部落の相撲大会がおこなわれた。勝てば賞品がもらえるが、感動を与えた「力士」には観衆から、親の小遣いでは望めないぐらいの「ご祝儀」がもらえる。

ようするに貧しくとも強ければ稼げるわけだ。その点、私の大腰払いは、相手を完全に腰に乗せて投げ捨てる豪快な技なので、結構観衆に受けて稼げた。また、当時は水田の用水池に、砕いたタニシをエサに「夜づけ」の仕掛けでウナギを釣って、病院横の青果店に1匹100円ぐらいで買い取ってもらっていた。それを貯めてグローブやバットを買っていたのだ。それゆえ、確実に稼ぐ「手段」を教えてくれた父には非常に感謝した。ちなみに小学校の相撲大会でも準優勝することができた。

その父から教わったことに「先んずれば人を制す」がある。

勉強でもスポーツでも、物事をなす場合に、いち早く練習や稽古にとりかかれば、必ず誰よりも上達するという教えである。

ところで伊予・愛媛といえば野球発祥の地である。『坂の上の雲』にも書かれているように正岡子規がBaseballを野球と訳し、秋山真之・好古兄弟などと草野球を始めた土地柄である。私も小さいときから部落のお宮の境内や田んぼで草野球をして遊んだ。もっとも今のように野球クラブがあるわけではないので、小学はソフトボール、中学は軟式野球、高校で硬式野球と区分されていた。正式な部活動は、中学に入ってからとなる。

中学に入れば野球をやりたいと思っていた私は、小学6年の夏から父にいわれた「先んずれば人を制す」を実行した。つまり「走り込み」と「壁投げ」を、中学校入部前の日課としたのである。

「走り込み」は、家の隣の大根池を大きく回る2キロメートルの周回コースを設定して、タイムを計りグラフにした。記録して日々書き込むことが継続の決め手となる。そのためにストップウォッチが欲しいが、そんな贅沢品は無理なことがわかっている。そこで目覚まし時計を持ち出して使った。ゴールとともに秒針を押さえて止めた。

人生の源泉となった習慣

グラフにつけると日々速くなるのがわかる。走るのが楽しくなる。このとき養われた走力が、陸上部のない一本松中学校で、選抜陸上大会や駅伝大会の選手に選ばれる要因となった。

また、宇和島市でおこなわれた1泊の南予新人陸上競技大会の男子1名女子2名の選手となり、永遠の憧れのマドンナ・狩野五十鈴さんを知るきっかけともなった……。

ちなみにこの「記録」することが、いい「クセづけ」となって、大学1年時から始めた「読書ノート」が現在まで続いている。年度の読書数を棒グラフで表し、折れ線グラフで生涯読書数を描く。その上にそのときの職名などを記録しているので、これまでの「自分史」となっている。折れ線グラフの傾斜度が、心の成長度そのものの気がする。

「壁投げ」は、「走り込み」の後、大根池の干上がった場所で、コンクリート壁に石をチョーク代わりに目標の円を描いて、ストライク100球など、目標を決めて投げ込んだ。やがて、軟式ボールが数週間で裂けるようになった。慣れてくると、守備練習として壁と平行に走りながら壁とキャッチボールした。

そのお陰で強靭な肩となって、中学に入部直後、中堅《センター》から一気に三塁《サード》に抜擢された。その後、50代になっても年甲斐もなく、職場のソフトボール大会などで4番・投手《ピッチャー》を自ら名乗り出る原動力がここにある。

そして何よりも、父の「先んずれば人を制す」を実行しながら、「継続は力なり」を学ぶことができた。なにごとも最初はできなくとも、とにかく日々継続して練習する。歩みを止めない限り、継続する限り必ず目標に達することができる。

中学を卒業してふるさとを出た後も、帰省したときには、この2キロメートルの周回コースを確かめるように必ずジョギングする。子供ができてからは子供も一緒に走った。

今思えば、わが人生の心のパワーの源泉といえるのかもしれない。

（2010年7月）

02 逆境こそ成長の肥やし

中学卒業後、四国最遠端の一本松町からバスで出発したが、このときのシーンも生涯忘れることができない。同級生や野球のファン!? など約30人に、船の出港のようにテープを引いて盛大に見送ってもらった。田舎には従兄弟が50人以上いたが、それらの親戚などから餞別もいただいている。まるで出征兵士として見送られているようで、考えようによれば、おめおめと郷里に帰るわけにはいかない。ちなみにその田舎に数年後帰省したときには、町の入口に「南海フォークスの若き鷹・藤田学出身の町」という大きな看板が立っていた。

実は、野球から空手道に変えた苦々しい思い出がある。野球しか遊びのないような野球発祥の地・愛媛の片田舎で、中学3年生になると生徒会の会長・副会長、クラス委員長などがレギュラーとなり、県大会以上を目指していた。のちにドラフト1位で南海に入り、13勝あげて新人王となった藤田学君が投手で7番、私がサードで4番だった。

僕たちは野球に命を懸けていた

その「事件」は郡大会直前に起こった。当時男子は「技術家庭」、女子は「家庭保健」という科目が週1回あった。その家庭保健の先生が、わが野球部の監督ながら、専門は陸上だった。翌日から大会が始まるという授業で、3年生女子全員の前で「中学野球は高校野球の予備校」と放言したのである。

女子から伝えられたこの言葉を聞いたときは、ショックだった。3年レギュラーがグラウンドの片隅に集まり、「退部届を出そう」とまで深刻に話した。結局試合には出たが、とってつけたような守備位置の変更などもあり、沈んだ気持ちのままの初戦に1点差で敗れた。唯一の得点は私のセンターオーバーの三塁打だったが、足取りも重く、三塁で自主的に止まった。当時地元の高校監督から進学を期待されていたレギュラーは、藤田君を除き、全員私と同じように中学卒業とともに田舎を去った。私も、こんな哀しい思いをした野球は二度とやるまい、と心に誓って、陸上自衛隊少年工科学校を選んだわけである。その監督は、当時の我々の思いをいまだ知らない。

この経験から私は指導者の心構えを一つ学んだ。それは、小・中・高どんな段階であろうと、子供たちは、そのとき、そのときに、人生のすべてを賭して臨んでいる。だから指導者は心から子供たちにシンクロすることである。過去は過ぎた思い出、未来はまだ来ぬ憂い、人は「今」「ここに」しか生きてない。子供たちにとっては、今このときの練習、試合そして大会が、全生涯をかけた戦いなのである。大人、指導者も同じ心で臨むことだ。

こういう思いを抱いて大都会・横須賀の陸上自衛隊少年工科学校に入ったが、とんでもない「逆境」を選んだことに気がつくまで日数はさほどかからなかった。

当時は米ソ二極対立の真っ最中である。赤の帝国「ソ連・中国・北朝鮮連合」の膨張を阻止する「自由諸国連合」の最前線として日本列島が位置していたのである。朝鮮戦争も、国連軍の兵站基地としての日本があったからこそ、最終的に

38度線を侵略した共産軍を追い返して韓国の独立を保つことができた。

15、16、17と私の人生暗かった

同じ日本人でも共産主義を望む人々にとって、自衛隊こそ最大の敵であった。自衛隊の弱体化、あるいは国民と自衛官との乖離を狙いとした積極的な活動がおこなわれていた。その真っ只中に、田舎の野球少年が立たされたわけである。確かに3等陸士という階級と自衛官の制服を着ているが、中身はホームシックにかかった15歳の少年である。土日には、学校（武山駐屯地）がデモ隊に取り囲まれ外出もできないときがある。

初めて制服で外出した際、ワンマンバスでまごついている私は、「税金泥棒！」と運転手から罵られた。そのときは、大ショックだった。その日は、消灯後、ベッドで毛布を頭まで被って声を出さないで泣いた。静まりかえった中、哀調の消灯ラッパに耳を澄ませば、隣のベッドからも嗚咽が聞こえてきた。当時、藤圭子

の歌に「15、16、17と私の人生暗かった〜」という歌詞があったが、まさに我々のための歌と感じた。

こういう環境の中で、唯一心楽しませてくれたのが、やめるはずの野球だった。気持ちは刑務所の塀の中のような生活で、他に生きがいを見い出すことなどできなかったのだ。しかしその野球さえも、軟式野球で、定時制・通信制大会しか出場できない。しかも大会に出ても、母校「少年工科学校」は一切名乗れない。少年工科学校の先生から学んでいるにもかかわらず、制度上通信制なので、「湘南高校」としか名乗れない。まさに日蔭者扱いである。同じ野球なら母校の名を背負って、甲子園を目指して堂々とやりたかった。人生、二度とやり返しはできないのだから。こういう境遇の中、入学した約530名のうち、卒業後も自衛隊に残った者は300名を切っていた。

人生には、さまざまな逆境や試練がある。その中でも最大の哀しみは、自分の存在そのものが社会的に否定されることではないだろうか。生まれたときから、実の母親に「お前は生まれてこないほうがよかった……」といわれて育った子供はどうなるだろう……？　当時の自衛隊を取り巻く環境がそれだった。

15歳の子供である我々にとっては、この逆境はあまりも大きかった。ただ、その逆境さえ乗り越えることができれば、得られる心の果実も大きいには違いない。もっともそれさえも、のちに成功してからいえる言葉かも知れない。

田舎に帰りたくとも、盛大に見送られて出てきているので帰れない。そういう逆境の中で、子供心にも、「名案」が浮かんだ。それは、小さいときからの「思い」がこの境遇の中で蘇ったのである。


（2010年8月）

03 思いは実現する

さらに追い打ちをかけた航空機事故

社会的に抑圧された暗い生活を始めて2年目に、さらに追い打ちをかけるような大事故が起こった。

〝雫石全日空墜落事故（1971年）〟である。

当初、空自戦闘機が全日空機に「追突」したとされ、空幕長がなんら事故原因を聞かないまま、広報上の考慮もなくただちに「謝罪記者会見」をおこなってしまったこともあり、自衛隊がマスコミから強烈に叩かれた。今でも自衛隊機が追突したと大半の人が勘違いしているだろう。実際は、最大速度時速850キロメートルの自衛隊機が二機でさまざまな蛇行飛行訓練をしているところに、時速900キロメートルの全日空機が定期航空路を12キロメートルもずれて空自の訓練空域を「直進」して、後ろから接触したのである。全日空パイロットは、「前方監視」していなかったこともわかった。

もっともこの事実が明らかになったのは、10年後の第二審のときで、それを証明したのが、防大空手道部の5期（16年先輩）で、退官まで防大空手道部の部長もされた電気工学教授の安岡先輩である。ちなみに最高裁では、さまざまな「考慮」から「双方」監視不十分の裁決をした。

いずれにせよこの大事故により、国民の自衛隊への大反発が当時16歳の我々の心に、暗く重くのしかかってきた。夏休み直前であり、帰省前に学級担任である区隊長がさまざまな注意事項を話された。内容はすっかり忘れたが、真剣さと悲壮さが混じった区隊長の表情だけが今は記憶として残っている。

今思えば仕事上も必死だったと思う。帰省ごとに未帰校者、つまり中途退学者が増えていたのであるから……。

潜在意識からのプレゼント「ひらめき」

2年目の夏休み帰省時は、雫石事故もあり、精神的にもかなり圧迫されていたのだと思う。20時間近い新幹線〜本州・四国連絡船〜予讃線〜バスの旅の最後に、約2キロメートルの田舎道を歩き、三叉路を右折して田んぼの中をあと400メートルも直進すれば実家に到着、というところで突然に頭の後ろから「そのシーン」が蘇ってきた。

それは、小学1、2年生の春の節句のときだったと思う。兄やその友人たちに連れられ、家から田んぼ越しに正面に見える、さきほどの曲がった三叉路を逆に左に進む、標高200メートルほどの山の頂上に登ったときのことである。獣道さえなくなっている荒れた山の頂上に背丈もないほどの小さな祠があった。私は思わずその祠に両手で合掌して、「防衛大学に入りますように……」と真剣に心で祈ったのである。父は戦争のことは一切口にしなかったが、リビングに置いてあった連合艦隊司令・山本五十六元帥から艦隊対抗演習の副賞でもらった戦艦妙高入りの楯などを見ながら育ったので、小さいときから海軍にあこがれていたのかもしれない。

ただ、その祈ったことさえ全く忘れていた。それがこの究極の帰省時に、潜在意識からのプレゼントとして、「ひらめき」を顕在《けんざい》意識に送り出してくれたのである。

「防衛大学校に入って、大学卒の資格を取り、松山市役所の職員になって堂々と田舎に帰ろう！」というものである。まさに心の奥からこの「思い」が忽然と浮かんだのである。

帰省で過去の自分と対話する

物語から少し離れるが、帰省と「ひらめき」についてもう少し書いておきたい。

家を出て3年目の晩夏に実家である愛媛の農家の跡取りに「急遽」なってしまったため（顛末は後半に）、盆・正月、可能なときは5月の連休も、母が亡き父のもとに旅立つまで、毎年帰省するようになった。この定期的な「帰省」が、心の成長に極めて効果的だったと実感している。

なぜなら帰省すれば、現在の自分の状況に関わりなく、一気に田舎時代の自分の生活の「場」に帰ることになる。自分が生きていた場には、自分の過去の物語が「波動」として未来永劫残っている。いやが上でもそれと対面する。これは、まさに「瞑想」そのものである。座っておこなう瞑想は、さまざまな雑念で集中できないが、帰省は否応なく100パーセント過去の自分を見つめることができる。

私はさまざまな瞑想をおこなってきたが、過去のトラウマを取る瞑想が「今」・「ここで」やるべきことに最も集中させるのに有効だと思う。そのためには、潜在意識に隠れ、今の自分の思考・行動にブレーキをかけている過去の「いやな場面」を顕在意識まで上げて自覚しなければならない。これが結構、いうは易くおこなうは難し、である。

ところが帰省はこれを物理的に簡単におこなってくれる。

過去の自分と対面したときに、今の自分の行動の原点を知ることができる。それがマイナスのものならトラウマであり、その意味を再認識した時点で解消し潜在意識に存在しなくなり、心が過去から解放される。過去が変わるのである。それが「願望」「夢」であった場合、かつての「祈り」が叶う「瑞光」となる。

やるべきことを実行するのみ

話を戻そう。「防衛大学校に入る」という「ひらめき」が与えられた。

こうなると、あとは父の教えの「先んずれば人を制す」の実行あるのみ。入校当初は毛布で被って泣いていたベッドで、明かりを外に出さないように毛布を被って懐中電灯で受験勉強した。さらに皆が寝静まると、こっそりベッドを抜け出し、常夜灯のあるトイレで勉強を続けた。洋式トイレなどないので、そのうち自習室からこっそりイスを持ち込んで、冬はさらに毛布にくるまって勉強した。

少年工科学校のカリキュラムは、技術陸曹の養成のためのものなので、工学系の高校の課目に似ている。4年間学ぶと卒業時に、湘南高校の定時制・通信制の卒業証書もあわせもらえる。ただ、英語は就職用のAである。自衛官としての課目や射撃訓練、富士野営訓練もある。夜は自習時間があるが、当初は22時には消灯であった。あきらかに受験戦争には乗り遅れる。

そこで急遽、懐中電灯での勉強をおこなったわけである。また、当時難しい問題で有名だった「Z」という通信添削問題などを積極的におこなった。昼間の野球と深夜の懐中電灯勉強で、つい昼間の授業中に居眠りすることもあった。のちのエピソードとして、英語の先生が居眠りしている私に質問したところ、いつも正解をいうので、内心驚いていたとうかがった。夜、進んだ受験用の英語を勉強していたので、当然といえば当然であったのだ。

やがて防大を目指していることが知れ渡ると、同級生も教官もみな応援してくれ、さまざまな便宜も図ってくれた。これには本当に今でも感謝している。

3年になると、「防大入学資格検定」、いわゆる大検の道がつくられ、27名が合格。このうち3名が防大受験に合格した。それゆえ、いまだ文部省資格から見れば、

防衛大学校入学時の著者（左）

私の履歴書は、「高校中退」である。
3年夏には、二塁・2番として軟式野球神宮全国大会に出場。20打数10安打、5本の二塁打と5個の盗塁、とチャンスメーカーの役割を果たして全国2連覇。
「さあ、あと50日で防大受験だ！」と、帰省せず学校に残って勉強していると、突然田舎の実家から父と姉が訪ねてきた。
農家を継いでいた兄夫婦がどうしても他の事業をおこないたいということで、姉と私、どちらが農家を継ぐかということの相談であった。

私は、即座に「女は嫁にいって幸せをつくるもの、家は自分が継ぐから安心して欲しい」と告げた。「ただし、合格すれば、防大の4年を終えて帰省する」と父に約束した。まさに「防大卒の資格をとって田舎に帰る」条件がそろったのである。

この日以降、ベッドで寝るのはやめた。自習室の机で眠くなったらそのまま伏して寝る。体力の続く限り受験勉強に集中した。

こうして同期二人とともに防衛大学校に入学した。そして「卒業後に帰省する」という「心構え」が、その後の学生生活、あるいは生き様にとって、空手道の師・故中山正敏主席師範との出会いとともに、とてもプラスになった……。

（2010年9月）

04 多生の縁

人生は、出会いの連続だとつくづく思う。

この世に生を受けて父母と出会って以来、幼友達、学友、恩師、同僚、上司、部下、さらに配偶者、子供、孫などなど。必要なときに必要な人と縁ができる。

人はそれぞれ我が道を築きながら歩んでいるが、自分の「思い」がさまざまな道を呼んで「交差」する。

それらの出会いを「漫然」とやり過ごすか「一期一会」と見るか、それとも「多生の縁」を深く感じるか。

同じ出会いでも、こちらの「心の有り様・思い」がそのまま人との関わりに反映される。

人生を導いた3人の師

私には、人生の師が3人いる。文書の師である少年工科学校時代の国語の櫻井功輝先生。櫻井先生には今でも私の文章の句読点などの「通信添削」をしていただいている。

船井幸雄先生は、まさに人生そのものの師である。趣味のエッセイも、船井先生担当の課目「人生」の、「単位取得のためのレポート提出」の感じで書いて、これまで見ていただいてきた。この年末年始には、「卒業論文」としての本を数冊出したい。

これから現代文明史上、決定的に重要なアセンションのときを迎えるが、宇宙文明に繋がる「弥勒の世」実現に導く「有意な人」の輪を拡げるため、船井先生のもとで「百匹目の猿現象」を起こしたい。

そして近代空手道中興の祖にして日本空手協会創設者・初代主席師範の今は亡き中山正敏先生。今思えば、幼いころ、田舎の山の祠《ほこら》の前で防衛大学校入学を祈ったのは、まさに防大空手道、いや中山空手道・中山先生と出会うための多生の縁の導きであったと確信している。

心構え、出会いの逆突き

故中山先生には、「男の生き様」を教えていただいた。

41年間の「事に望んでは身の危険を顧みない」自衛官生活の中でも、唯一、本当に「殉職」を妻に覚悟させて特捜刑事に同行したオウム事件、上九一色村でテロリストと対峙したとき、正規の任務も権限に基づく武器携行もない丸腰の私には、中山先生の教えであった死中に活路を見る「出会いの逆突き」の「心の構え」しかなかった。

今改めて思うことは、中山先生の教えが日本を救ったのである。

似た環境でありながら天地の差

少年工科学校（現高等工科学校）と防衛大学校は直線距離なら10キロメートルも離れていない。同じ三浦半島の、少工が相模湾沿いの武山駐屯地、防大が東京湾を見下ろす景勝地小原台にある。距離は僅か10キロメートル足らずだが、当時は、そこで生活する生徒たちの「思い」は果てしなく異なっていた。

いや違って当然の環境格差だった。

たとえば同じクラブ活動一つとっても、少工は定時制・通信制大会しか出場できない。先生も防衛庁教官つまり少工の職員が教えているにもかかわらず、対外試合では一切母校の名前は出せない。制度上の母校である湘南高校としか名乗れない。一方、おなじ防衛庁（現防衛省）でありながら防大は、あらゆる大学連盟の大会に出場できる。防大が光り輝く太陽なら少工は闇の月である。もっとも二つを体験している我々だからこそ、その体験を通じていえるのかも知れない。

人には地獄が、私には楽園

少工出身者の私にとって防大は、まさにこの世の「パラダイス」に感じた。ところが同じ1年生でも、普通高校出身者にとっては、それまでの個室の自由気ままな生活から初の規則正しい団体生活で、当初はかなり辛く感じたようだ。

「若いときは金を出してでも苦労せよ」という言葉もあるが、これは少工出身者の境遇を的確にいい当てている。見方を変えれば、武道と同じで、若いころに厳しい修業を日々積み重ねることにより技が磨かれるのに似ている。つまり、武道の究極の目的である「人間修養の道」そのものである。

防衛大学校は、いうまでもなく国家防衛を担う自衛隊の将校養成学校である。その人間形成の三本柱として、「学問」「学生隊（全寮）生活」「交友会（クラブ）活動」がある。

その中で、全学生が5個（現在は4個）の大隊に振り分けられ、4年間全寮生活を送る。また各大隊は4個中隊からなり、その中隊は当初3個小隊、後に2個小隊に再編成となる。つまり、前期は団体生活に慣れない一学年のみで第3小隊を編成するのである。もちろん小隊学生長は4年生である。

つまり4階建ての一つの寮に1年から4年が混成で入り、4学年の大隊学生長のもと、4名の中隊学生長、8または12名の小隊学生長の指導下、自主自立で運営される。部屋も当時は、各学年2名づつの8名編成で、4年の部屋長と副部屋長が家庭における父母の役割で、それぞれの部屋を運営していた。

さらに、3年生以下は、それぞれの学生長付が任命され団体生活の運営の一端を担うことになる。要は、生活面における学級委員長と思っていただければ理解が容易かも知れない。

リーダーシップの意味とは

私は、入学早々、この513小隊の学生長付きに任命された。要は、第5大隊の第1中隊の一学年小隊の学級委員長を任されたのである。高校出身者が始めての寮生活に慣れていないために、3年間少年自衛官として団体生活に長じている私に白羽の矢が当たったわけである。

人は仕事・役割・立場で変わり、成長する。大学資格さえ取れれば、田舎に帰るとの「邪心」で入学したが、嫌がうえでも「リーダーシップ」を発揮しなければならない。

実は着校当日から、こちらは花の大学生活でわくわくドキドキ楽しくて仕方ないのに、第3小隊学生つまり同期の仲間は沈み込んでいる。自由気ままな高校生活からいきなり6時起床。寸刻を争ってベッドの毛布をキチンと畳み、上半身裸で舎前に飛び出して整列。大声で号令調整しながら乾布摩擦、点呼、稽古、清掃と続く。ホッとできるのは教室での授業中で、つい居眠りも出る。ただし、2科目6単位落とせば留年、2回目の留年はなく即退校処分。しかも日々上級生の指導下での生活である。ちなみに、4年神様、3年貴族、2年平民、1年奴隷。学年を現す袖の☆が1年にはない。2年になって初めて1コつき、一人前の防大生と認められるということだ。こういう環境下で、ホームシックも重なり奴隷の仲間は表情も暗くなる。環境の激変についていけない者が退学していく……。

空手道部を躊躇なく選ぶ

誰かが牽引車役……。「行き足」をつけなくてはならない。学生長付きになったこともあり、『皆が自分で進み出すまでおれが引っ張ろう！』と、一人心に誓った。

もともと4年間終われば田舎に帰って跡をとり、市の職員との兼業農家をするつもりなので、自由な自分の時間は小原台での4年間しかない。それゆえ、二度とない貴重な時間を日々大切に使いたい。これを突き詰めれば、「今」・「ここに」全力をかけるという生き方になる。

蛇足ながら、この「行き足」が最期まで続いてしまい、4学年時に大隊学生長を任された。そして大隊（寮）の統率方針に「人間修養」を掲げた。ここに至るまでには、中山先生との出会いがある。

つまり校友会は、防大で一番厳しくかつ伝統のある空手道部を躊躇することなく選んだ。

いよいよ次回は、中山先生との出会いを語ることができる。

（2010年10月）

05 武士道の本髄「極め」

私は、日本男児たるもの全員本物の空手道を身につけるべきだと思っている。日本男児たるものいかなる場面、境遇にあっても真の武士道体現者であって欲しいと願うからである。

咄嗟のときに何ができるか

次のような場面を想像して欲しい。

あなたは陸軍（陸上自衛隊）の青年将校の中から選抜され、ロシアの軍学校に留学中である。

春うららかなある日、あなたとロシアの学友たち、それに高官の令嬢たちが小川の堤防上の小道を談笑しながら散策している。

あなたは、その一団の先頭でロシア社交界の華といわれる人と話しながら歩いている。すると突然、前方から農耕用の牛が暴れて小道を突進してくる。

あまりの突然のことに令嬢たちはその場に立ちすくんで動けない。ロシアの学友たちはといえば、我先にと堤防の斜面を駆け降りて逃げていく。さてこのとき、あなたはどのような行動に出るだろうか？

ご存じない人が多いかもしれないが、これは日露戦争で部下を助けるために軍神となった広瀬武夫中佐の大尉時代、ロシア留学中のエピソードである。広瀬大尉は、咄嗟にロシア社交界最高の華〝アリアズナ〟を背に守り、暴れ牛の前に仁王立ちとなった。迫りくる牛を、眼光鋭く射すくめると、その胆力に恐れをなしたのか、牛は広瀬大尉の直前まで来ると急停止して反転、来た方向に逃げ去った。

この一件でアリアズナは広瀬大尉に心の底から惚れ込んだ。普段は木訥で柔和な広瀬大尉の、いざというときのこの剛毅な胆力に、日本武士道の鏡をみたアリアズナは、秘かに彼を生涯の伴侶として選んだ。彼女は、日露戦争で広瀬武夫中佐亡き後も、彼を心の夫として生涯を独り身でとおした。日露戦争で敵国同士になった悲劇とともに、今でも歴史上のロマンとして両国で語り伝えられている。
広瀬中佐は、草創期の武道性の強い講道館柔道五段。講道館柔道の創始者嘉納治五郎師範をも投げたと伝えられる程の腕であったという。心技共に真の武士道体現者であったわけである。

あなたは愛する人を守れるか

ちなみに私の入部した防大空手道部は、日本空手協会設立者で主席師範であった中山正敏先生の肝いりで創部された。そして、そのOB会を〝拳冲会〟というが、中山先生が空手道の修行の目標として示されたもので、次の意味がある。

「拳」一端儀を見て立てば、千万人を敵とするも恐れぬ勇気胆力を養うこと
「冲」内に謙譲の心（押忍の精神）を養い、外には常に柔和な態度を保つこと

男子たるもの一歩門を出れば百万の敵がいるともいわれる。そうでなくとも人間修養を目指す本学を教えず、「今だけ・自分だけ・お金だけ」を求める末学ばかりを教えてきたなれの果ての乱世・現代日本では、弱肉強食のごとく、いつ暴力沙汰に巻き込まれるかも知れない。一人なら逃げ得ても、愛する人が巻き込まれたときに、あなたは敢然とその人を守ることができるだろうか。

15歳で反対勢力の荒波に揉まれた私は、防大に入学すると、躊躇なく空手道部の門を叩いた。体験上からも、高校までは団体スポーツで協調性を養い、大学からは武道で自己鍛錬・修養に努めることが望ましいと考えた。なぜなら個人的にも、あるいは一朝有事のときの職業上からも、まず自分と愛する人を守る力がなければ男として話にならない。これは世の男性共通の課題ではないだろうか?

「空手道」こそが、本物

「数ある武道の中でなぜ空手道なのか?」

これは少工校時代の学園祭での各部の演武などで、空手道こそいざというときに役立つと本能的にわかった。実はこれは、戦後日本を占領した米軍が空手道を正課として採用するときの検証に基づく理由でもある。

その検証とは……。

第二次世界大戦で英国を支援するための対ドイツ戦開始の口実づくりのため、日本にハワイを奇襲させたアメリカは、小国日本などすぐに片づけられると思っていた。ところが4年の長期にわたる激戦で最後は原爆まで投じてやっと勝利を収めることができた。彼らは日本人の強さの秘訣に武道があることがわかり、彼ら自身が軍に採り入れようとしたのである。

そこで、短剣で襲ってくる相手にどの武道が有効か試験した。その趣旨上、剣道は対象外であった。柔道と合気道が腹を刺される中、空手道だけが襲いかかってきた短剣を払うや瞬時に正拳を相手の急所に極めた。その試技者こそ壮年期の中山正敏先生であった。

これ以降、米戦略空軍や憲兵隊などが正規に中山空手道に入門し、この結果として一気に世界に空手道が波及することとなった。

徹底して基本稽古を

それまでの武道稽古は、見取り稽古といわれるように、体験的な指導が主体であった。

ところが合理的精神の米軍人あるいは西欧人は、科学的理論に基づかない指導は受け入れない。

そのために、後ろ足で地球を押す反作用がどのようにすれば瞬時に拳の一点に伝わり、膨大な破壊力を発揮する「極め」となるかという理論を中山先生が世界で初めて確立したわけである。そのために流派を名乗らず、船越義珍先生を最高師範として日本空手協会と名乗ったわけである。

その空手道も、試合のためにルール化すると、試合に勝つための技に劣化し、本来の武道性を失う。武道としての空手道は、いざというときに相手を一撃で殺せる「極め」があること。極めのないポイントだけの技は、武道の本質を忘れたスポーツ空手道に堕する。日本空手道創始者の船越義珍先生、近代空手道中興の祖であり我が人生の師でもある中山正敏先生が試合偏重にならないように常に戒めていた。そのため、中山先生の指導下、空手道本来の「極め」を体得するため防大4年間は、徹底して基本稽古がおこなわれた。当初入部した同期は40名いたが、結局卒業まで残ったのは10名であった。

一撃必殺の心の構え

じっと膝を曲げたままの前屈姿勢での1000本突き、人を肩車しての移動前蹴りなど、徹底した基本稽古の繰り返しの苦しさに辞めていったのである。この基本の大切さは、江戸時代のある親孝行の百姓の息子のエピソードで理解することができる。

父を無礼討《ぶれいう》ちと称して殺された百姓の息子は、父の無念を晴らすために仇討《あだう》ちを決意。唯一の武器である出刃包丁で、朝夕いかなる日も欠かさず庭の柿の木の一点を敵の首と見定め突いた。

10年後、柿の木に穴が開いた。自信を深めた彼は、かの侍の前で名乗った。武士は、「生意気なっ！」と叫びざま、刀を抜いて一気に切ろうとした。その刀が鞘を出る一瞬前、百姓の息子の出刃包丁がみごとに仇の首を突き刺していた。まさにこれこそ武道の極めの見本である。

私も入部後、道場の前にあった栗の木を稽古の前後に毎日突いた。4年後、突いた方は平らになり、断面図が半円形になった。皮もむけ、やがてその上が枯れてきた。それ以降自分なりの極めの要領をつかみ、こののちこれまで後ろ足の地面の蹴りで巻きわらを突く鍛錬を日々の日課としてきた。

もちろん、「いざ」というときは一度もなかった。専守防衛の自衛隊が有事にならない限り武力行使しないのと同じである。

使うときは、相手を殺す必要がある場合だけ。一生涯実戦はないほうがいい。

ただ、警察のオウム上九一色村強制捜査の同行支援のときは、「後の先」で一撃必殺の心の構えだけはしていた。

次回は、いよいよ中山正敏主席師範がなぜ自ら防大を指導されたのか、その思いを語りたい。

（2010年11月）

06

一粒の麦 地に落ちて死すれば 豊かな実を結ばん

防大空手道は、中山空手道でもある。私が防大に入学したころは、先生は60歳でまさに空手道中興の祖として、世界の中山主席師範であった。その中山先生に八級から二段の審査まで直接指導していただいた。

最後の昇段審査で抜塞の演武後、「池田君、もう少し腰を落としたらもっと力強くなる」という言葉が今でも耳に響いている。それ以降、日々の鍛錬の巻きわら突きでは、重心を低くし、後ろの支え足で地面を圧す反作用で拳の「極め」の力を得る稽古を続けてきた。

中山先生は、防大空手道部創部以来、恵比寿の協会本部から横須賀まで毎週1

回、春と夏の合宿には全日いかなる地にも指導に来ていただいた。防大生にとっては、4年間直接中山先生の指導を受けるのは当たり前のようになっていたが、今から思えばなんと破格のご指導をしていただいたのかと、感謝の念でいっぱいになる。他大学からは羨ましがられたはずである。今となっては推測する他ないが、中山先生の足跡をたどりながら、その「思い」を再現してみたい。

中山先生、船越先生との出会い

中山正敏先生は、大正2年（1913年）4月6日、真田家臣で代々信州松代藩の剣術指南だった中山家の長男として山口県で生まれた。父親の直敏氏は、祖父の医師の血を引き継ぎ、陸軍一等薬剤正（大佐）として各地を勤務。その関係で中山先生は、小学校まで台湾で過ごしている。

武士、そして軍人医官の家に生まれたのである。中山先生の弟、義敏氏は陸軍士官学校51期で陸軍パイロット。父自慢の弟さんだったが、満ソ国境付近の航空偵察中、悪天候で国境を越え、還らぬ人となった。先生もその無念の思いをじっと飲み込んで生きてきたと思われる。

父親は先生を医者にしたかったようだが、「満蒙開拓講演会」を聴きに行ったのがきっかけとなり、満州にあこがれるようになる。そして遂に父親に黙って昭和7年（1932年）拓大に入学。「将来に備えて心身の基礎をつくるために剣道をやることにして道場に赴いた。……ところが集団で赤ら顔の小さいお爺さんの号令で奇妙な踊りをやっていた……」日本近代空手道創始者船越義珍先生、そして空手道との出会いである。

当時の稽古は、形と基本組み手のみで、形を主体に50回、100回と、へとへとになるまでおこなった。基本組み手では、5本組手で力一杯腕をぶつけあったそうである。突き、蹴り、受けの練習は規定の練習以外に自分でやるものとされ、6尺有余の先輩に負けない強い突き、拳、腕をつくるために朝夕暇があれば巻きわらに正拳、裏拳、手刀、手棒を200回、500回とぶつけたそうである。

中山先生の青年時代

昭和10年（1935年）ごろから自由一本が盛んになってきた。また、追い込み五本組手の最後の段階で自由な攻防がおこなわれるようになった。これが自由組手に発展したが、船越義珍先生は、「組み手偏重になるな」と叱責された。

在りし日の中山正敏先生

当時の大学の交換稽古では、五本組手で最後には大乱戦、半数が床にうずくまっていたそうである。それでも爽快に「またやろう！」となったらしい（私も防大時代、3年茶帯になったときに慶應大学との交換稽古に行ったが、そのときの約束一本組み手の中段追い突きで相手は黒帯だったが、その受けをもろともせずみぞおちに極め、吹っ飛ばすように背中から倒した。このときに、「基本」と「極め」重視の中山空手道に自信を持った）。

さて拓殖大は、それまで欧米植民地として搾取されていたアジアで、その開放と独立に「地の塩」として挺身する人材の育成を狙いに設立され、中山先生もその精神を受け継ぎ、満州に夢を抱いていた。本当に中国を愛し、戦争で日本が負けなければ中国に骨を埋めていたと思わる。

中山先生は昭和10年（1935年）、中国語系学部2年時に、単独満州国内蒙古ホロンバイル大平原の踏破旅行をおこなっている。まさに命がけの大荒野の3カ月の旅である。このときの体験が戦後の空手道をひろめるときに役立っている。それはそれまでの空手道家のような個人の働きから、「科学的に体系的に」ひろめるとともに、「友人知己の協力を遠慮なく求める」姿勢である。「一人でやっていたら空手道を世界にひろめる組織など、とうていなしえなかった」。

拓殖大卒業後、北京大東学舎に留学、陸軍の通訳として活躍。この時代に日本代表の武術家として空手道を披露し喝采を浴びている。

戦争終結、そして空手普及へ

昭和15年（1940年）には華北政府委員会に入り、内モンゴル自治区の僻地住民の民政改善などを担当している。先生がよくたむろした場所に「抱一龕《ほういつがん》」がある。「日本人も中国人も関係なく共存できる平和な国家を建設しよう」と志を一つにした仲間が集まった場所である。後年私邸の地下につくり、防大拳冲会の活動の場ともなった道場名が「抱一龕道場」である。「同じ目的をもつ人が民族や年齢に関係なく集まれる場所にしたい」という熱き先生の思いが伝わる。

昭和18年の秋子夫人との結婚後も一緒に満州国の国造りに政府員として活躍、

20年には陸軍に招集されるも敗戦、志破れ帰国。引き上げても当面やることがなく、拓殖大空手道部に毎日通い、やがて空手道指導だけでなく、「中国文化」や「日本文化論」の教授にもなる。造詣の深い先生の授業は人気だった。

そして昭和23年（1948年）、船越義珍先生を最高師範とする「日本空手協会」が設立され関東の大学を中心とした本格的な空手道の普及が始まる。また米軍への指導が開始される。米軍人にはそれまでの体験的指導は通じず、先生独自の「科学的かつ体系的な中山空手道」へと進化した。そして昭和29年（1954年）、保安大学校で演武会を催し、槇校長などの心胆を寒からしめるとともに大絶賛を受け、即、防大の師範に就任する。中山先生このとき41歳。中山先生と共に岡崎、森、金澤先生などの錚々たる指導者が極めて熱心に指導された。

また大人数の防大空手道部を指導する中で、多くの人間に対する指導のあり方が体験的に進化していったと思われる。

北海道時代の著者（左）

中山先生が防大生に残したかったもの

思うに、若きころ全生涯を建国間もない満州国に捧げるつもりが、夢やぶれて帰国した。敗戦被占領中の日本は、独立前の満州国と同じである。米軍人などに教えながら、新生日本の独立を待っていたと思われる。亡き陸士出身の弟の無念の思いもある。もとより代々真田家の剣術指南の血も流れている。新国軍の骨幹である保安大（のち防衛大＝士官学校）学生に、日本武士としての魂を注ぎ込みたかったのではないだろうか。
実は私の父も中山先生と同じ大正2年生まれである。20歳から海軍の道を選んだ。南方で夢やぶれ、帰国。私が防大に入ったことがその夢の続きを叶えることにもなった。奇しくも、父と同じ歳の中山先生とその防大で空手道を習うことになった。まさしく人生は意味ある共時性の連続で、引き継がれてゆく。

一粒の麦
　地に落ちて死すれば
　　豊かな実を結ばん

その防大における具体的な指導については、次回中山先生ご自身の文章を紹介しつつ説明したい。

（2010年12月）

07 人格完成に努むること

中山先生、防大生に残した言葉

ここに防大空手道部創立20周年の記念行事にあたって、中山正敏主席師範から贈られた玉稿がある。ちょうど私が防大4年生時である。

「創立当時、お約束したが試合に勝つためのみの稽古は防大では必要ない。永続できる空手に打ち込みたいという信条は今も変わらない。現時、一般的にややもすると試合での勝負ばかりに囚われ過ぎる傾向があるのは残念。無論、試合に勝つ信念と努力は欠かせない。形だけの勝敗を究極の目的としない真の空手道確立、他人に勝つためにはまず己に克つ心情こそ肝要である。拳沖会の諸氏にこれらの素地は十分にあり、バックボーンと力、意欲があることは確信している。自衛官と空手道、心技一体の境地を希求して止みません」

次は、さらにその5年後の25周年記念に寄せられた言葉である。

「『空手に先手なし』これは空手道の真髄であり、実技の面では『極め』の一語に尽きます。どんなに動きが美しくなめらかでも魂の入った『極め』がなくては迫力に欠け感動を呼ばず、心と体が一致して初めて厳しい真の美が出るわけです。『心技一如』歌舞伎の教えにもあるように『芸は頭脳で覚え、心でつかめ。覚えたら頭脳を忘れて体で具現せよ』。これは我々武道人にも肝に銘ずる言葉です。『平常心是道』非常な勝負の場にあって自信を持って堂々と自分の実力を十分に発揮させるには日ごろの厳しい心身の行が肝要であります」

この4年後、冥界入りされた中山先生最後の我々への遺言ともなった。

昨今、空手道の試合は極めて盛んとなった。空手道の普及という面からは喜ばしいが、本物の空手道という観点からは戒めなければならない点も多い。なぜなら高校あるいは大学の大会を最終目標として、これを最後に「引退」とばかりに、生涯の人間修養の道として続けることをやめる輩が多いからである。

「空手道」、生涯をかけて修養

武道とは、戦い「弋」を「止」める道であり、その究極といえる武器を使わなくて相手を悟らせる「無刀とり」を極めるまでの、果てのない人間修養の道である。中山先生は、それを道場訓として示した。

一、人格完成に努むること
一、誠の道を守ること
一、努力の精神を養うこと
一、礼儀を重んずること
一、血気の勇を戒めること

この5つの中で、一番にあげられている「人格完成」とは、まさに生涯をかけての心の修業そのものであろう。

防大での稽古は、まさに基本に始まり基本に終わるといっても過言ではなかった。組み手も色帯の間は、五本組手、三本組手、一本組手までである。本格的な試合（自由組手）は、黒帯となった4年の、それも大会前の3週間ほどであった。その基本も「極め」の生命線といえる後ろ足の「張り」によって後ろ腰を前に押し回す稽古に重点が置かれた。１０００本逆突きの基本を練習するときは、まず最初の５００本はこの腰入れ・後ろ足の張りの稽古がおこなわれた。

これを移動しながら二人ペアで、一人を首馬（＝肩車）しながら道場を往復するわけである。防大生はほとんど白帯から始めるが、4年時には試合練習偏重の大学の選手相手には、たとえ競技の試合で負けても、実戦ではいつでも相手を倒せると自信を持つまでになっていた。

もっとも試合・自由組手のルールを考案して競技空手道の道を開いたのも中山先生である。しかしながらその10年後には、「これらの試合はまだ過渡的段階であるが大学といわず実業団といわず、全国でおこなわれており、今後ますます盛んになるであろうが、当事者間でよほど上手に指導していかないと、いたずらに

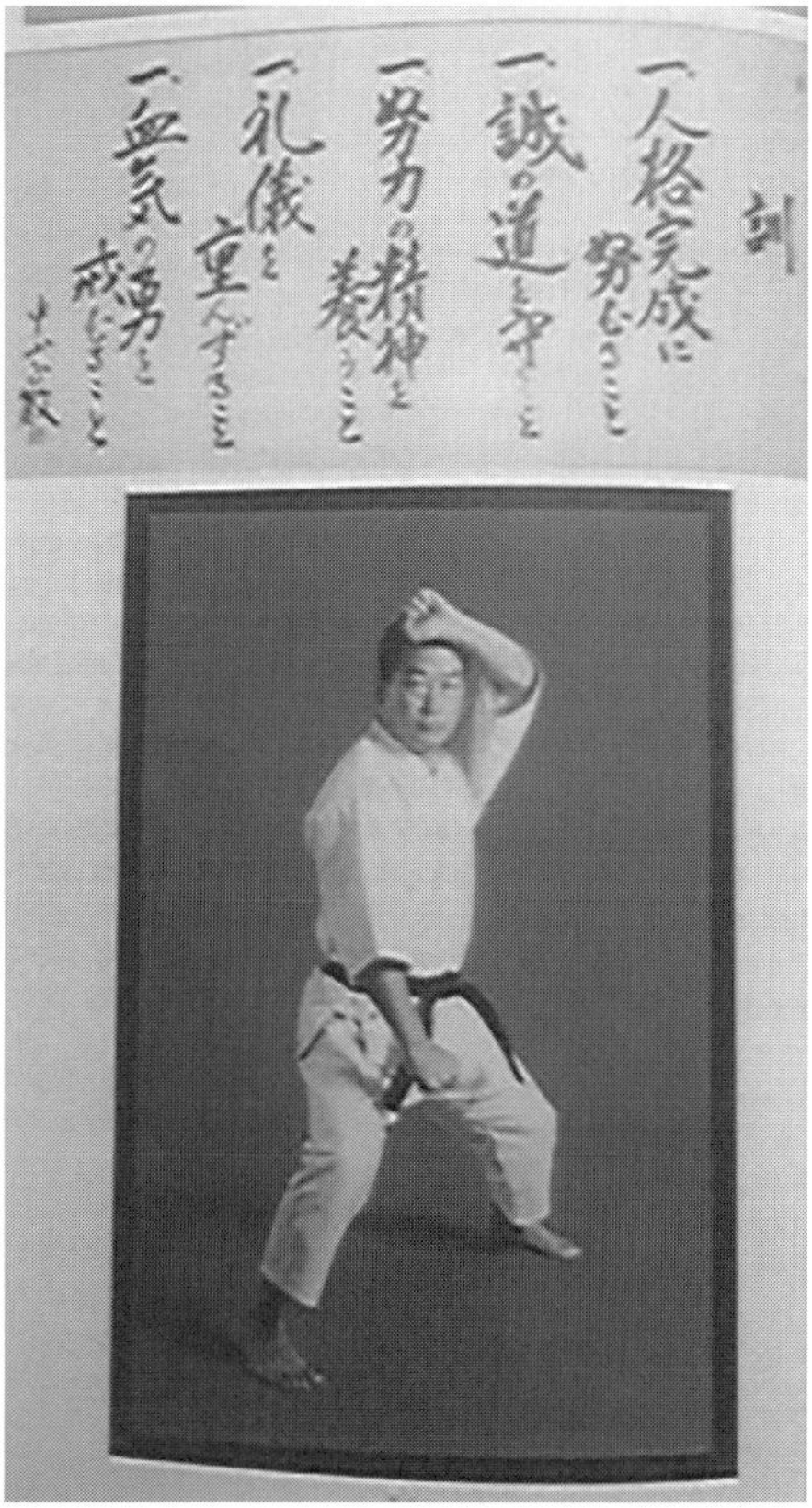
訓
一、人格完成に努むること
一、誠の道を守ること
一、努力の精神を養うこと
一、礼儀を重んずること
一、血気の勇を戒むること

中山正敏主席師範

試合偏重に陥り、空手道の真髄まで失われてしまう。

この点さえあやまりなく運用できれば、空手道の前途はいよいよ明るく大きいといえるであろう」と警鐘を鳴らされている。

中山先生からの「戒めの言葉」

同時期に防大生への戒めの言葉がある。

防大空手道部陸上要員の同期：久留米の陸上自衛隊幹部候補生学校にて

「端的にいって今日の部員諸君は層も厚く技の向上も著しい。形の演武も巧いし、組手も巧い。が、創生期諸先輩の芯の強さ、ファイトと重量感で圧倒するような豪快さが足りないようだ。勿論、これは他大学にも通ずる近代的傾向かもしれない。試合が盛んになって、ポイントを取ることに練習の主眼が置かれる結果ともいえる。試合に勝つことだけが空手道ではなく、試合はほんの一部分に過ぎない。

少なくとも防大の部員諸君には在学中だけが空手道の修業舞台ではなく、卒業後も諸先輩がそうであるように、自衛隊の中堅幹部となってからも部下隊員を指導し、共に稽古する機会が多くあり、さらに空手道を実生活に役立たせることも多いということを忘れてはならない。

そのためには、試合に勝つ要領を学ぶのではなく、真の空手道を身につけることが肝要である。なるほど空手道の基本を体得するのはなかなか気骨の折れることであるが、それを一つ一つ克服するところに意義がある。人に勝つことより、まず自分に克つことが大事であろう。ひいては試合にも優秀な成績を得る要素であろう。

今一つ諸君に考えてもらいたいことがある。功を焦るなということである。防大の部員では3年生で選手になることは難しいが、他大学では2年で黒帯もいる。これは能力の問題ではなく、それまでの練習量の問題である。他大学はそれまでの練習時間がたっぷりある。時間が限られる防大で、他大学が2年でやるのを3年かけてみっちりやっていくべきだろう。3年間鳴かず飛ばず基本に徹し、4年生となってからいろいろのテクニックを習得しても遅くない。かえってそのほうが良い結果を得られるし、試合にも優秀な成績を上げられることを諸先輩が証明している。

武道の習得に焦りは禁物である。早く一定の線に到着して止まるより、じっくりやって広くて深い根を十分張り、将来高く伸びる素地をつくるよう心がけて欲しい」

「極め」無ければ、空手道にあらず

この「極め」・「基本」で忘れられないエピソードがある。

防大を卒業して12年後、前橋で師団の訓練班長として勤務していたころ、長男を地元の道場に2年間通わせた。中山先生の孫弟子ぐらいの人が自分で起こした流派で世界大会もおこなっていた。前橋道場はそのナンバー2が指導していた。

7年後、そのナンバー2から、転勤した職場に突然電話がかかってきた。

「本当の空手道を教えてください」

あまりに唐突で私は、「……?」。

聞けば、教え子たちが高校などの大会に行ったときに、「それではダメだ」と指導されるとのこと。悩んだあげく、中山先生の教えを直接受けた私を思い出したらしい。

それから暫く、単身赴任先から帰った土曜日にマンションの広場で指導することにした。

まず、彼の突き一つの動作で思ったことは……『これなら左手一本で倒せる』。腰を中心で回しているから下半身の力が拳先に伝わっていない。つまり「極め」がない。20数年間これで教えているとすれば、その教え子たちは……。

結局、私が彼に徹底して指導したのは、中山先生から教わった「後ろ腰を前腰まで突き出す」、空手道の基本中の「基本」である「極め」だけであった。

ちなみに私は防大4年時、大隊学生長に任じられた。いわゆる約400名の寮長である。そこで、4階建ての学生舎の入り口玄関の上に、統率目標として「人間修養」と額に書いて示した。

道場訓の「人格の完成に努むること」の応用である。そしてそれは卒業後から今に至るも、まだ到達することのない我が人生の永久の道となっている。

（2011年1月）

08 空手道精神が国を守った

審判道に開眼

防大卒業後、自衛隊空手道連盟に籍を置きつつ、私は関東学生連盟の審判となった。審判によって試合の流れが変わり、極論すれば勝敗が左右されるときもある。学生時代に審判で苦渋を味わったこともあり、ぜひ審判で母校に貢献したいと単純に考えたわけだ。

ところが審判は奥が深い。ある意味、選手二人と真剣勝負をしている。自らが「無の境地」にまで高まったときに、初めて真の正しい判断を下すことができるようになる。

たとえば、赤が前年度の優勝者で、青が無名の選手だとする。駆け出しの審判のときは、どうしても赤の動きに意識をあわせて見がちになる。ところが場数を踏み、試合の場を精神的に制することができるようになると、「無の境地」で、自ら二人と相対している境地になる。そうするとスローモーションを見ているように、「極め」の技が判定できるようになる。こうなると審判自体が別の次元で主役と感じて楽しくなる。

日本防衛計画を作成

こうして国立大出身唯一の審判として活動しているときに、本来の職務で、空手道の真価を問われる事態に遭遇した。いわゆる地下鉄サリン事件など、一連のオウム問題対処である。

当時、私は陸幕運用第1班、通称「運1《うんいち》」の先任をしていた。陸幕もその要員のほとんどが予算など防衛行政に関わる官僚的存在であり、実際に自衛隊を運用する作戦幕僚は、班長以下わずか11名しかいなかった。その11名で、日本の防衛計画を作成し、いざというときは作戦参謀として24時間態勢で活動した。

前橋の12師団訓練班長時：日米共同訓練レセプションにて

1993年6月、皇太子殿下・雅子妃殿下ご成婚のお祝いムードで湧く日本に対し、北朝鮮が液体燃料を半分詰めてノドン1号を東京に向けて発射した。いわゆる第一次北朝鮮危機の開始である。このとき、警察庁北朝鮮問題プロジェクトから、「今回の相手は北朝鮮軍のコマンドです。警察官や22口径では話になりません。ぜひ、一緒に勉強会をおこなって教えて欲しい」との要請がきた。

当時の首相は社会党の村山首相であり、危機管理能力は限りなく

北芝健道場における「極め」の指導

ない。情報保全上の問題もあり、官邸には報告しないとのこと。一歩間違えば、かつての「三矢事件」※のように、政治的問題にも発展しうる。

しかし、日本の安全保障上、絶対に必要な研究である。そこで、自衛隊から私一人が参加した。

北朝鮮コマンドが敦賀半島の原子力発電所を攻撃したときの対処要領などを、現地偵察しながら作成した。そのシナリオが、麻生幾著でベストセラー、映画にもなった『宣戦布告』である。

※三矢事件＝昭和40年、北朝鮮が韓国を奇襲攻撃することを想定し、自衛隊がどう対処するのかを内部研究した資料『三矢研究』が漏洩。提出された国会が紛糾した事件。秘密漏洩を理由に防衛次官らを処分。以後「有事研究」は日本においてタブーとなった。昭和38年に研究された資料なので『三矢』の暗号名がつけられていた。

オウム情報は早くから出ていた

1994年6月、松本サリン事件発生。陸上自衛隊化学部隊により、かねてより異臭事案のあった上九一色村のオウムサティアンと同じ成分であることを警察に内密に通知。だが、警察は一向に行動に出る様子がない。

その研究の真っ最中の1995年1月17日、今度は阪神・淡路大震災が生起し、担当作戦幕僚として自ら命令を起案、陸幕現地連絡班長として神戸に赴いた。

やっとデスクに戻った3月初旬。ついに、警察が上九一色村のオウムサティアンに強制捜査に入ることを決めた。警察指揮官の運用アドバイザーとして私が同行することになり、事前の作戦会議に出席。

だが……。部下の命を預かる我々自衛隊の常識では、作戦会議においては、敵のあらゆる可能行動を厳しく見積もり、できうる限りの対策を講じる。ところが、その合同作戦会議では、オウムの情報など一切出ない。

会議終了後、警察最高責任者にどのくらいの被害を見積もっているのかを訊い

た。すると、

「最初の機動隊員が50～150名ぐらいは死ぬかも知れない。しかし、我々はそれを泥縄的に対処して行動する」

と、平然といい放つ。

サティアンには、サリンの原材料である三塩化燐ドラム缶700本や旧ソ連軍のヘリコプター・ミル8の存在も確認されていた。もし、彼らが、狂信的に信じる「ハルマゲドン」を（予定より早くなるとはいえ）発動したら……。

日本国民の命を守る手段

要するに現場封鎖にまず赴く機動隊員の先頭が殺される状態のときは、ドラム缶を積んだヘリが飛び立ち東京上空から三塩化燐をばらまく恐れがある。

ドラム缶一本で100万人が死ぬ代物である。

現行法制下では、自衛隊は総理からの出動命令、あるいは知事からの要請がない限り行動できない。警察のように自ら判断して動くことを、私たちは許されていない。だからこの場合も、私はあくまで警察指揮官のアドバイザーとして同行し、事態が起こって警察が手に負えなくて要請がきたときにのみ、自衛隊出動要請がきたことを運用課長に報告するしかない。

ところが、今回の場合、要請を伝えるようなタイミングには、既にヘリは東京方面に飛んでいってしまう……。仮に、すぐに官邸に通報されても、それでも間に合わない。百万人以上の死……。

だが、我々には対処能力はある。皆さんが私の立場なら、どう行動するだろうか？

究極の「真剣勝負」である。「無の境地」で、できうる「最善の技」を出すしかない。この場合の最善の技とは、日本国民の命を守る手段のことである。

このとき、陸幕長から運用一切を任されていた運用課長と談合した。

「敵のヘリが飛び立ったら、俺たちの肚でただちに攻撃ヘリで落とそう。その処置が非難を浴びるときは、腹を切って詫びよう」。

このため、万一に備え自衛隊としてできうる万全の準備態勢をとった。都内でもただちに化学防護部隊が出動できる準備をおこなわせた。

我が身を貫く空手道精神

3月19日夜。妻に、「どこに行くかはいえないが、3日間ほど家を空ける。もし4日目に連絡がこなかったら、死んだと思って3人の子どもはしっかり頼む」といい聞かせ、翌20日早朝、自転車で青梅街道を陸幕に向かった。

その下を走る丸ノ内線も通過する霞ヶ関駅がサリンでやられた。いわゆる「地下鉄サリン事件」である。捜査の攪乱というよりも、特捜刑事たちを狙った個人テロとも指摘される所以である。

そして、同月22日早朝。奇しくも私の40歳の誕生日に、警察特捜刑事たちの車に同乗し、霞ヶ関から上九一色村に向かった。このとき、都内から「東京地方雨」の怪電波が流れた。軍事的に判断すると、「強制捜査が入る、コマンドはただちに撤退せよ」の暗号通信と思われる。結局、ヘリも飛ばず、ハルマゲドンも起こらなかった。

結果論ではあるが、我々自衛隊がしっかり警察のバックアップ態勢を取っておいたから、彼らも地下鉄サリン以上の抵抗を諦めたと思われる。

700本の三塩化燐の処理は、正式に自衛隊に要請され、ただちに化学学校の幹部だけで編成した11名の処理要員をヘリで呼んだ。彼らも机上でのサリンの実験などには慣れてはいるが、ドラム缶が山積みされ、しかも錆びて溶剤が流れ出している状態での活動は初めてである。

ちなみに数日前、機動隊員が持って入ったカナリヤは毛が抜けて死んでいた。そのとき、化学処理隊長のK一佐が、「池田さん、防護マスク取ろう。彼らが落ち着く。ガスは空気より重くて腰までなので大丈夫」といって外してしまった。

私も、同時に外した。

一度死線を超えると、無の境地で最善の行動が取れるようになるものである。

人生に、このような万一のときは、なかなか訪れないかも知れない。しかし、そのときに空手道を通じて、無の境地を味わっている人は、きっと最善の技（対処手段）を出すことができるに違いない。

私は信じている。「空手道精神がこの国を守った」と。

一方この事件により、この国をずっと影から覆って日本人を病弱化しながら利潤を収奪している闇の存在に気づかされた。そして事後、「社会の真実を世にひろめる活動」の私の出発点にもなった。

２０１１年3月5日には、その最新作『マインドコントロール２』を出版する。

その原稿は……、

「本当のことを知れば、生き方が変わる。……嘘はもうやめよう！」。


（２０１１年2月）

国難を救う空手道精神

09 空手道はなんのために？

「空手道はなんのためにおこなうのだろうか？」この答えが、もし単に強くなるためだったり、ましてや大会に優勝するためだけであるならば、ボクシングなど試合が前提のスポーツをやればいい。空手道、すなわち武道＝武士道は、いざというときに、社会、国家のために命を賭して働ける有意なサムライマインドを育てるものである。もちろん女性も自ずと婦道というものがある。

2011年3月11日、未曾有の大震災が東日本を襲った。史上最大規模の地震と津波という天災に加え、原発暴走という人災が重なってしまった。この人災を、空手道精神に則り解説したい。

最悪の人災

阪神・淡路大震災と有珠山噴火災害に自衛隊の運用責任者として現地で活動した私の体験からいえることは、天災だけならば、

❶人命救助／遺体収容
❷生活ラインの支援／確保
❸災害復旧

という3段階でやがて復興できる。

もちろん災害の規模に応じて期間の長短はあるものの、必ず地域も復活する。四季折々自然豊富な列島に住んできた我々日本人は、列島のこの宿命の試練に耐えて、常に進化してきたのだ。

ところが福島原発の放射能汚染という人災だけは、この復興3段階の適用がで

きなくなる。プルトニウム239の半減期が2万4千年ということだけでも、この汚染地域が未来永劫使用できないことがわかる。

核燃料は、止めた後、冷却に50年はかかる。

それも通常運転後の処理に要する期間である。

その後、放射能物質という人類がつくった最悪の害毒を密封して、未来の人類の叡智に処理を託して青森の六ヶ所村に封印されるわけである。その最終的な処理ができない限り、いずれ六ヶ所村が現代文明終焉の汚染震源地になるであろうことも予期できる。

なぜ「真実」が出てこないのか

福島原発の場合は、冷却水装置（ポンプ）電源の故障による原子炉の空炊き暴走・爆発により、その核燃料から直接放射能汚染物質を撒き散らしながら、いまだ収束の目途さえ立っていない。仮に暴走しかけた核燃料を数年で処理できても、原子炉そのものの廃棄処分にはさらに数十年、いや数百年を要するであろう。

それまでに汚染地域がどこまで拡大されるのか全く予断が許せない状況である。

特に、日本で3基しかない史上最悪の人工の猛毒であるプルトニウムを燃料とした3号機の核燃料MOXが爆発で飛散した場合、東京でも即死者が出てもおかしくない綱渡りの事態なのである。

最大の問題点は、その「真実」をテレビなどのいわゆるメジャーメディアが一切報道しないことにある。

なぜなら主要テレビ局、新聞社の役員は原子力関係委員会や電力会社出身者でおさえられているとともに、最大の広告料を出資しているのが電力会社であるからだ。完璧に「原子力事業推進」の情報しか流れない仕組みになっている。まさに私が指摘する典型的な「マインドコントロール」構造である。住民・国民の命・安全よりも、原子炉・原子力事業（企業）の保全のための情報が流される。

我々は、まずこの「本当のこと」を認識しなければならない。そのせいかどうかはわからないが、今回の大災害でとても奇異に感じることは、「政府現地対策本部」が仙台あるいは福島などに設置されていないことである。

なぜ政府現地対策本部が開設されない？

阪神・淡路大震災で国の対処の遅れが指摘され、大規模震災基本法が改定された。つまり、「政府現地対策本部」の迅速な設置が規定された。これにより国として現場で迅速な情報を総合的に入手し、的確な意思決定ができるようになった。そして有珠山噴火災害で初めて有珠山の麓の伊達市役所内に立ち上げて大成功し、長期化に伴いプレハブを設置、噴火の終焉まで活動した。これが事後の国レベルの災害対処の雛形となった。

先の中越地震災害などでも、極めて効果的な災害救助ができていた。阪神・淡路で悔しい思いをして、有珠山でこの現地対策本部の立ち上げと活動要領の確立に直接関わってきた私としても秘かに誇りに思っていた。

ところが何故か今回は、福島から200キロメートルも離れた都内で、各機関バラバラの活動をおこなっている。東電の現場からの電話一本の情報源で、記者会見から全国への報道となっている。「彼ら」から見れば、完璧な報道統制、情報操作である。

これではまともな政策判断もできず、国民へも放射能汚染の実態などの真実が伝わらない。いや、原発の危険性をカモフラージュして、これからの原子力事業推進に支障をきたさないようにするために、要は真実を出さないために政府現地対策本部が開設されないのかも知れない。

愛弟子から届いたメール

このような情報封鎖の中で、私のかつての部下であり、空手道の愛弟子二人からメールがきた。現場の彼らは、命を賭して活動するだけあって、自ら置かれている状況をよくわかっている。わかっても黙々と救援活動に邁進している。これこそ武士道の体現そのものであろう。

自分たちは、朝現地へ行き、壊滅した町を見て、夜宿営地で現実に戻ることが辛い日々です。自分たちが引き上げた遺体を、収容所で家族が見てどうしているのか……？

現実に直面し、望みが消えて悲しんでいるんだろう……。

先の震災（阪神・淡路大震災）のときのように、「自衛隊が助けられなかった」と自衛隊反対派に煽動された市民に罵声をとばされている同僚がいるのだろう……と皆心配していました。

しかし先日、遺族の方が、捜索中に、「収容所でおじいちゃんの遺体を確認できました。ありがとうございました」と、お礼を伝えに来てくれました

皆涙をこらえて、一緒に来ていた子供に手持ちのお菓子をあげていました。

（捜索隊員は、いつ食事がくるかもわからず、それでも連続して活動できるように、

個々に甘菓子などをポケットに持っています。それが文字どおり活動源ともなるのです。厳しい訓練でも、ちょっとしたときに自ら食べ物を口にすることができる隊員は、その力を継続して発揮します：池田注）

そして現地までの道中で、寒い日も雪の日も、手を振って頭を下げ、応援してくれるお爺さんがいます。「自衛隊さん、頑張れ！」と手づくりの看板を持って応援してくれる子供たちがいます。

日が暮れるときに集合して、翌日の行動予定などの指示を聞いているときに、「自分の身内がまだ見つかっていません、隊員さん、どうか宜しくお願いします」と泣き崩れる男性。

自分たちは涙を拭きながら〝この人たちのために〟と、毎日決意して頑張っています。

被災者からの温かい言葉に助けられます。（Ａ隊員）

とても悲惨な地域で必死で捜索しています。

ところで、これまで阪神・淡路やさまざまな災害派遣に行きましたが、今回はとても奇妙な現象があります。これまでの体験によると、地元出身の国会議員などが、邪魔なぐらいに現地視察に来ていたのに、今回は全く誰もきません。放射能汚染だと思います。

つまり、〝我々を抹殺するために今回のことが起こっているのでは!?〟と、思わず考えることがあります。もっともそういうことが頭をよぎっても、肉親を捜している人々を見ると、とにかく1秒でもはやく見つけてあげようとがんばっています。(B隊員)

いかがでしょうか。二人とも生まれたばかりのお子さんを持つヤンパパ自衛官です。親子で空手道に熱心で、一度も稽古を休んだこともありません。退官の身となった私としては、一日も早く彼らが任務を達成して、無事家族のもとに帰還することを祈るのみです。

国難をどう未来へ活かす

現在、現地では約10万人の自衛官が救助に当たっています。この中には、前述のような約１００の支部に籍を置く自衛隊空手道部員も活動しています。彼らはサムライ精神で黙々と任務を遂行するでしょう。

今、現場で命を賭して悲惨な状況にならないように活動する彼らに、我々日本人が応えるべきことは、災いを転じて福にすること。即ち、脱原発の未来永劫型社会へ転換するための意識表明ではないだろうか。

それが未来の子どもたちへの、国難を未然に防ぐ空手道精神だと確信している。

（２０１１年３月）

10 東日本大震災に見る空手道精神

自衛隊の災害派遣は武士道・空手道精神の体現

今回も、まず、東日本大震災に派遣され、阿鼻叫喚の状況下で約50日間連続で黙々と救助活動してきた私の愛するかつての部下であり、空手道の愛弟子からのメールを紹介したい。現場の「真実」がヒシヒシと伝わるであろう。

一時交代で金沢に戻ってきました。

YouTube《ユーチューブ》の〝「福島原発では今?」日本のターニングポイント!〟を見ることができました。自分が送ったメールなど紹介していただき、とても感謝しています。一自衛官の気持ちや現場での行動を多くの国民に知っていただけるとは思ってもいなく感動しました。自衛官のことや原発のこともお袋が聞いてもわかりやすく、うんうん、とうなずき涙を流していました。

しかし、メディアでは自衛官の行動などや被災者又は被災地域には、フィルターをかけていたり、メディア独自の概念で報道していると思います。自宅に帰って久々にテレビを見ると、被害の小さかった地域のごく一部分などを捉えて、もう復興ですよ、行政はしっかりやっていますよ、というイメージをつくり出していました。インタビューに答えた住民の方も、メディアに都合のいい部分しか報道されていないのだろうと思いました。

テレビに映る被災現場は毎回一部分だけしか映さず、国民はまだ被害がどれほど大きいのかということがわかっていないと思います。

映し出されるあの地域からカメラを引くと、どこまでも続く倒壊家屋の大地、遮蔽物がなく、海岸線がどこまでも続いている地獄の光景。

しかも自衛隊がまだ入れていない地域は瓦礫が散乱しており、多くの方が家族の元へ帰れる日をまっています。

現地対策本部を立ててないことで、やはり多くの批判を政府は受けていましたが、政府の中に現地で活動する自衛官のことを「国家公務員」という表現をする議員がいました。

「消防・警察・あと国家公務員が現地で活動していますから……」

悲しくなりました。

まだ1万人以上の行方不明者がいるにもかかわらず、政府のいい加減な対応と、それに協力するかのようなメディア。メディアは、政府や東電をかなり非難しているという人もいますが、現地に行った自分から見ると、まったくかばっているようにしか見えず、真実を隠しているようにしか見えません。

原発事故に関しても、原発反対論者は誰もテレビには出られず、原発は安全、これぐらいの事故はチェルノブイリと比べると大丈夫、などと報道しています。特に、原発を廃止するのではなく、安全基準を高くしていけば大丈夫だと話す議員やメディアには開いた口が塞がりませんでした。原発の影響で救助できなかった人、いまだに収容できない方がいることを考えても、絶対に原発は廃止すべきだと思います。

人間は自然の力に勝つことはできません。原発も、人間が自然界にない不安定なものをつくり上げ、不安定なために崩壊していくのが道理というものです。自然の力を人間が完全に抑制することは不可能です。現地を見て、昔の人は山や川、海すべての自然を神仏として敬った理由がわかります。自然の大きな力には人間は太刀打ちできず、それ故自然が教え、与えてくれる大きな恵みに感謝して共生していったんだと思います。

百匹目の猿現象のように先生の講演を通じて真実を知り、正しい生き方ができる国民が増えていくことを願っています。そして大切な講演の最後に自分のメール、そして悠整を紹介していただき、家族共々感謝しています。ありがとうございました。

整備が終わり次第、次の出発がかかるまで待機になります。それでは失礼します。

押忍

自衛官の災害派遣は武道精神

自衛官は、自らの功績を一切アピールせず、任務終了すれば静かに身を引く。彼らは差し入れにジュース1本もらっても、必ず被災者に届け、自ら飲むこともない。女性隊員も含み、下着も替えることなく着の身着のままで全身ドブネズミになって、放射能汚染地区でも身の危険を顧みず捜索を今もおこなっている。これは阪神・淡路大震災や有珠山噴火で作戦幕僚として現地に行った私も同じであった。床で深夜数時間横になるだけである。

被災者の方には、やがて自衛隊の補給部隊が風呂を提供するが、派遣隊員が風呂に入れるのは、任務終了し帰宅したときだけである。

人命救助しても遺体を収容しても、けっして功績をアピールすることはない。逆に御霊がご家族のもとに還るお手伝いが遅れたことをすまなく思い、家族の現実の哀しみを我がこととして共に涙し、ご冥福をお祈りする。

自衛官にとって被災者も遺体も、あるいは自然そのものが自己と一体化している。まさに万物自然と共鳴・共生している。つまり、自衛隊の災害派遣は、武士道・空手道精神でおこなわれている。

米軍の災害派遣はスポーツ精神

これに対して米軍の災害派遣は、完全なスポーツ精神でおこなわれた。決められたルールに則っておこなわれ、自己の勝利をアピールし、賞金をしっかり獲得する。

陸上部隊は福島原発から80キロメートル以内、空母に至っては遙か東方海上180キロメートル以内に入ることもなかった。それが彼らの「ルール」だった。そこには、被災者のためというあらゆる万物との一体感に通じる崇高な武士道的精神は一切ない。

しかも、自衛官がドブネズミになりながら命からがらの人命救助、遺体収容に専念する中、安全な仙台空港やJR駅で、これみよがしのいとも簡単な瓦礫撤去というPR的活動をおこなった。本来、弾の飛び交う中で作業する軍の部隊にとって、弾の飛んでこない中の瓦礫の掃除など、朝飯前でいとも簡単にできて当たり前の作業である。

それをGHQ占領以来の工作で、お先棒をかつぐ親米メディアを使って全日本的にアピールし、なんと年1850億円の「思いやり予算」を向こう5年間もゲットしてしまった。被災者に対する義捐金を、子どもまでもが貯金箱を壊してまで寄付している中での「政府決定」である。だから、まともな政策ができなくとも「延命」できるのだろう。

いずれにせよ、さすが広告代理店が政治をつくるアメリカである。こうして、日本政府に紙くずの米国債を年32兆円買わせながら、この大災難までをも利用して日本からなけなしの「円」を収奪していく。そもそも独立国に軍をおく以上、お世話になる国に駐留費を払うのが国際的な常識である。

しかも「思いやり予算」は、「仕分け上」防衛予算から持って行かれる。政府は、口では自衛隊に感謝しながら、結局これまで同様、防衛省予算が削られる。その数字あわせで人件費削減のため、またしても陸上自衛官の定員が先細り的に減っていく。

このようにして、いざというときに国民を直接守り救助してきた陸上自衛官の定数が、かつての18万人体制から現在の14万5千人にカットされてきた。

数年後、「高機能的運用能力」という左脳優秀官僚が造語する意味不明のごまかし理論で、陸上自衛官10万人態勢がやってくるだろう。これがこれまでの日本の現状から予期できることである。

こうして、真の日本の独立がさらに遠のいていく。

政府・主要メディアのタブー

この米軍のアピールも含めて、原発暴走から50日が経った今、政府・メディアの至上命題が明らかになってきた。それは……「原発産業の絶対的な擁護・維持・発展」「日本は引き続き原発事業で金を儲ける」である。これに反する報道、特に「原発廃止」に関わる情報は、一切が「タブー」なのである。

これは、米軍も政府も裏から動かす世界金融支配体制の絶対的命令でもある。

実は、戦前の日本には、600社の発電企業が共存していた。戦争で一つにまとめられたに過ぎない。それを戦後統治したアメリカGHQが、世界金融支配体制の指示に基づき、原子力発電所という「死の釜」を、活断層の巣窟の地震帯に地雷として置くために活用してきたのである。

つまり、東電という企業も、原発も、アメリカ、特にそのアメリカ政府をも裏で牛耳る世界金融資本体制・「黒いエゴ資本主義者たち」の意思で残し、置かれたものである。決して自然と共生してきた日本人の意思で置いたものではない。

この「真実」をしっかり認識することである。これがわかると、地震国家日本に何故54基も狂ったように商業用原発を置いてきたのか、理由がわかるであろう。原発がないと電気量が足らないと、彼らにマインドコントロールされていたに過ぎないのだ。

今こそ、武士道精神へ帰ろう

福島原発暴走は、武士道精神に通じる世直しナマズ大明神からの警鐘である。「明治維新以降の西欧スポーツ化文明から、本来の自然と共生した武士道ヤマト文明に回帰しなさい」と。その象徴が、「原発からクリーンエネルギーへ」の転換なのである。原発がなくても電気供給が十分に賄える「真実」も、やがて全国民の知るところとなるであろう。

いわば我々は、日本丸という大きな船の一員である。宝物に目が眩んで機雷の海域に入ってしまって、大きな船の土手っ腹に機雷で穴をあけてしまったのである。それを彼ら自衛官という最後のサムライたちが必死で穴を防いでくれている。彼らが頑張っている間に、この日本丸を機雷原の危ない海域から安全な方向へ舵を切ろうではないか……。

本当のことを知れば、生き方は変わる。嘘はもういい。

（2011年4月）

11 災害派遣こそ、空手道の本試合

全自衛隊大会の中止

全空連の4つの競技団体のうち、生涯空手道の受け皿となる全日本実業団空手道連盟は、「東・西日本実業団空手道連盟」そして「全自衛隊空手道連盟」の3本柱で成り立っている。通常5月下旬から6月上旬に各連盟の大会がおこなわれ、その上位チームで11月下旬に全国大会がおこなわれる。そして全国大会は、3つの団体が持ち回りで主管する。

2011年も、5月22日に尼崎で西日本実業団大会がおこなわれ、29日に横浜で東日本実業団大会がおこなわれた。そして、6月4日には日本武道館で「全自衛隊の第50回記念大会」がおこなわれる予定であった。

しかし、2011年の全自衛隊大会は、東日本大震災の災害派遣で中止となった。

同連盟の副会長兼理事長であり自衛隊病院歯科部長の片山先生も、自衛隊初の「検死」で現場に派遣された。大会実行のエンジン役の若林事務局長にいたっては、今も2度目の現地派遣中である。もちろん、多くの部員たちが、それぞれの部隊の一員として東北の現場で活躍中である。

4月の時点で、今年の全国大会の主管が自衛隊から東日本に移管された。東日本実業団の目に見えない自衛隊支援であり、間接的な被災地支援である。

全国大会を東日本震災支援大会に

5月29日には、東日本大会の場で今年度の第1回全実理事会がおこなわれた。この理事会で、今年の全国大会を「東日本震災支援　全日本実業団空手道大会」とすることを決議した。そして本来、2011年におこなう予定だった全自衛隊空手道連盟主管による「第30回記念全国大会」は、そっくりそのまま2012年に繰り延べることが決定された。東・西日本実業団空手道連盟の暖かい思いやりがヒシヒシと伝わる理事会であった。

なお、全国大会では今回の東日本大会で全選手が胸につけていた「がんばろう日本!!　震災に負けるな東日本」を採用することも決定した。選手に1枚1000円で購入してもらい、差額を義捐金にするわけである。

自衛隊への感謝の言葉を

実は、この理事会の直前の2011年5月27~28日、士心道東北の第10回定例会に呼ばれ、講演に引き続き、スタッフたちと深夜3時ごろまで、地震・原発、歴史の真実から宇宙論、武士道などなど熱く語り合ってきた。

会の主催者の本間義幸君は、幼少より空手道に精通し、インターハイにも出場。毎年武道館でおこなわれている全国空手道錬成大会で3連覇もしている。会員にも武道やスポーツで日々鍛錬している人が多い。

中には、小4で弟につき合って日本空手協会に入門し、結婚・お産の中断を挟んで継続、今では自身は二段、お子さんは初段というテレビなどで活躍する美人のパーソナリティのヤマト撫子さんもいる。

さらに講演には、家を流された人。救急医療センターの形成外科医で、「足や手の切断をした人が明るく生きている」、と教えてくれた女医さん。「放射能汚染が怖く、また子宮頸がんワクチンの1回目を打ったところで地震のため2回目が中断したまま」という、中1の娘さん親子も来られていた。

そういう彼らが、異口同音でまず述べるのが、自衛隊への感謝の言葉であった。私も海岸の被災地に行ったが、建物は一切なく、瓦礫と壊れた車と打ち上げられた漁船が延々と限りなく続き、まさに地獄絵図そのものであった。その中で、唯一動いているのが、粛々と泥まみれになりながら遺体捜索を続ける自衛官の姿であった。講演にきたお母さんの6歳の息子さんは、自衛隊の車にすれ違うたびに「ありがとうございます！」と大きな声で声をかけるようになった、と帰京後メールで教えてくれた。

身の危険を顧みず働く自衛官

考えてみれば、津波の被害は、東日本の全海岸であり、数百キロメートル連綿と続いている。まだまだ自衛隊が入れない地域があるほど広域なのだ。

それに巨大原発3基が同時にメルトダウンし、いまだ封鎖できないという人類史上初の危機状態が継続中だ。日に日に日本中に地球歴史上最悪の猛毒プルトニウムを含む数十種類の放射能汚染物質が降り積もっている。問題は、原発推進派で牛耳られている政府・メディアなどがその真実を公表しないことにもある。

こういう中で、身の危険を顧みず働く自衛官は、まさに真の武士道精神そのものの体現といっても過言ではないであろう。

武道として学んだ空手

ところで、スポーツと空手道はまったく違う。

スポーツは自己の鍛錬と満足・楽しみでおこなうもの。

武道は、他人のために無私の精神で己を尽くす道。

それゆえ、同じ「大会」でも意味合いが全く違う。

スポーツは大会が最大の目標となり、勝たなければ意味がない。最近は空手道でも高校や大学レベルで、スポーツとしての全国大会が盛んになってきた。このためその大会自体が目的化し、大会が終わると引退と称して空手道をやめる輩も多い。

一方、人格完成を目指す武道の道に終わりはない。大会は、単なる錬成の一手段に過ぎない。そもそも試合での勝ち負けそのものにも意味はない。「いざ」というときに、他人・社会・国家・人類のために己の命を賭して働けるか、どうかである。もっとも「働く」は人が動くという漢語《シナ》であり、本来の日本の「はた・らく」とは、周りの人を楽しませる、という己の精神的行動規範である。

このような観点から見れば、全自衛隊空手道連盟の所属隊員が、東北の被災地で身を挺して行動すること自体が、実は空手道の「本番」なのである。まさにこのときのために、日々空手道で鍛錬し、大会もその稽古の一環に過ぎなかったのである。

このように見てくると、全実の理事会で、今年の大会を「東北支援大会」と位置づけ、本番の任務を遂行中の自衛隊連盟のために、第30回記念大会を来年に繰り延べ、主管も自衛隊としたのは、極めて意義深い。さすが、「生涯武道空手道」の受け皿としている全日本実業団空手道連盟の面目躍如といえよう。

また、あの夢を見てしまう

ところで2011年5月28日は、次の山形での講演準備のため、士心道東北の世話人関口君に車で仙台から送ってもらった。途中、最上三十三観音霊場の第五番、唐松観音寺に立ち寄ってくれた。唐松山の南斜面の馬見ヶ崎川の支流のほとりの崖にたっている。

階段を登ると、崖の途中にもかかわらず、普通のお寺のように観音様の前でお経を唱えられるようになっている。そこでなんと関口君が般若心経を、お坊さんの代わりに唱えてくれた。彼の唱える、鳴り物入りの本格的な読経の声に、せせらぎの音、シジュウガラ・つぐみなどの野鳥の歌が遠くハーモニーとなり、清々しい新緑のかおりとともに癒された。

そしていつしか深い意識の谷に入りながら、またあの「夢」がフラッシュバックのように脳裏にハッキリと映像として浮かんできた……。

場所は、今住んでいる鳩ヶ谷の自室。深夜熟睡していると、体を突き上げるような縦揺れに続き、横揺れが徐々に大きくなって行く。夢の中の夢で〈ついに来たか！〉と心で叫んでいる。そう、東京直下型と東海・東南海・南海のプレート型地震が連動、マグニチュード9・1。同じ三つのプレート連動型だった江戸時代の宝永地震のときと同じく、鎌倉の大仏様の頭を浮力で流すほどの大津波も数分後に襲い、東京も江戸城付近まで水没。49日後に富士山も大噴火。

夢の中で、〈砂浜の浜岡は大丈夫か⁉ プルサーマルの伊方は？ 空炊きしてたもんじゅは？…… 津波基準2・5メートルの若狭湾の14基は？……〉と自問自答している。

そして意識は一瞬にして近未来のアメリカに飛んだ。

日本以上の天変地異で原子炉や核が爆発。国民の大半がケロイド状になって、原始生活に戻っている。その言葉を忘れた動物のような彼らの中で、何故か日本からの言語文化ボランティアの一人として私が彼らに「あ」「い」「う」「え」「お」の、人類本来の自然と調和・共生するヤマトことばを教えている。

もう二度と、行きすぎたエゴ脳にならないように……。

常に最悪を想定してきた私は……

大震災などはナマズ大明神が、国家の基盤がおかしくなったので、「世直し」をするように警告を発していると、日本ではいい伝えられてきた。

かつて、阪神淡路震災派遣では、国などの各機関がバラバラに活動。その反省に基づき、災害基本法を改定し、大震災などのときには「政府現地対策本部」を立ち上げることにした。

2000年3月31日に始まった有珠山噴火では、せり上がってきた溶岩が2パーセント噴出する間に、初めてこの政府現地対策本部を伊達市に私も運用責任者として立ち上げ、国家機関・メディア・地元の三位一体の活動で大成功。事後の日本の大震災などの雛形となった。この日本人の非常時における「進化」に、地震の神様は、残余の98パーセントの溶岩の噴火を取りやめ、死者ゼロで静かな温泉と噴火痕の観光の町に還っていった。

今回の東日本地震は、やはり地震の神様の「警告」であろう。

地震列島日本に、死の火の釜・原発を54基も置いて、その利権で儲ける我利我利亡者となった現代日本人に対し、覚醒と反省を促したのである。ところが100万キロワット原子炉3基を瞬時にメルトダウンさせながら、いまだに「原発は引き続き必要」という「利権構造」を全く変えようとしない。

核汚染物質は無力化まで20万年かかる一方、クリーンエネルギーで十分に賄える技術などがあるにもかかわらず……。

地震の神様、つまり大宇宙神は、地球という生命体そのものの進化が問題であり、その進化に今の人類が乗るのか乗らないのか、その観点だけで見ている。

悪夢は、無数にある人類の選択肢の最悪の未来を見たのであろう。40年の自衛官生活、しかも万一のときの全責任者である作戦幕僚をやっていたので、つねに「最悪」の事態を考えるからだ。

東北には、ヤマトごころの「場」が

つぐみの大きな鳴き声で現実の意識に還った。

関口君の読経が静かに終わって、眼下の馬見ヶ崎川のせせらぎの音とともに、緑のかおりを初夏のやさしい山形盆地の風が運んできてくれた。

再び駅に向かう車の中で、「今度会ってください」という彼のお父さんの年齢を聞くと、私より3歳年下だった。関口君は、私の長男より年下だろう。素晴らしい人間性である。大自然の残る東北は、素晴らしい自然と共生するヤマトごころの「場」が残っている。

今、埼玉の自宅に帰り、東北の被災地の現場を見てきた重みを胸に、現代の語り部としての役目をしっかりと果たして行こうと改めて思う。特に、亡くなられた3万余名の御霊のためにも、真実を説く全国行脚を続けていきたい。

それが、生涯空手道で鍛錬する私の「本試合」である。


（2011年5月）

12 国家によるマインドコントロール

現代の政府・原子力利権者たちは、その自己の権益を守るために、国民の犠牲を全く意も介さずに、嘘を垂れ流している。嘘ならともかく、真実を「隠蔽《いんぺい》」している。国家による典型的なマインドコントロール、国家による国民抹殺の犯罪といっても過言ではない。

「外部被曝」で隠す

放射能汚染の実態がいかにメディアによって隠されているか、中学生レベルの物理学の知識で解いてみたい。

放射線物質とは、α、β、γ線を放出する物質のことをいう。この際、

○α線は、２コの陽子と２コの中性子からなるヘリウム原子と同じ粒子である。このため紙一枚で止まる。
○β線は、電子の粒子である。これもプラスチック１センチほどで止まる。
○γ線は、電磁波の一種であり、あらゆるものを透過する。このため止めるには鉛10センチ以上が必要となる。

さらに中性子はもっとも透過力が高く、水でないと止めることはできない。通常の原子炉では、γ線以外が外に出ることはなく、このため一般的にガイガーカウンターがγ線の線量計測器であるのはこのためである。つまり、距離の二乗に反比例するので、炉から遠ざかるほど影響はなくなる。これはラジウム温泉や宇宙線などと同じであり、いわゆる一過性の「外部被曝」という。

「ただちに影響はない」の真の意味とは

ところが今回のようにメルトダウンを起こすと、炉から放射線物質が飛び出す。塵や埃、水蒸気、水などとともに、主として口を通じて体内に取り込まれ、距離ゼロで細胞に直接悪影響を及ぼす。特にβ線、次いでα線が活性酸素を生み出すとともに、遺伝子の螺旋構造内の4つの塩基に突然変異をもたらす。これが、がん化や奇形などの原因となる。

「ただちに影響はない」が、新陳代謝の多い年代・部位から順に影響をうける。このため子どもは1年後ぐらいから白血病や小児がん、大人ならがん化の前に、ハートアタックや脳梗塞などの頻発が予測できる。いわゆる実際の計測もできない永遠の「内部被爆」問題である。

つまり、今回のような原発の被爆問題とは、この「内部被爆」のことなのである。それをメディアなどでは、外部被曝と混交させて「問題ない」と洗脳している。

人工的にウラン235を核分裂させると、約200種類の人工放射線物質が生まれる。このうち、メディアが問題にしているのは、半減期の短いセシウム137とヨウ素121である。同じ放射性ヨウ素でも119は半減期1500万年となる。

メディアはこのような半減期の長い放射線物質は絶対に報道しない。

無知なのか騙そうとしているのか

ところで、「半減期」の意味をどれだけの人がわかっているのだろうか?

そもそも放射線物質とは、三つの放射線を放出しながらより安定した元素へ転換(原子転換)しているのである。

たとえば、セシウム137はβ線を出しながら(これをβ崩壊という)30年でバリウム137に原子転換し、さらに数分間γ線を放出して安定したバリウムになる。このバリウム137に転換するまでの30年を、半減期30年という。ヨウ素も同じで、原子番号の若い、つまり軽い放射線物質(金属)はほとんどがβ崩壊である。

ようするに、これらβ崩壊の放射線物質でどれだけ汚染されているかを知るにはβ線の線量測定器でないとわからないのは自明の理である。

ところが報道では、ほとんどが屋上など地上10メートル以上のγ線の空気中の計測結果を公表している。本来なら生活上もっとも影響を及ぼす地表面を計測する必要がある。また、セシウム137やヨウ素131を問題にしながら「α線」の計測結果を出して、「問題ない」と欺騙《ぎへん》（＝嘘の情報などを流し騙すこと）している。

この「からくり」がわかっただろうか……。

問題は深い。地上10メートル以上の空気中で、そのα線が計測されている！

政府が、災害対策法違反をしている

α線は、プルトニウムなど重い放射線物質が原子転換するときに出す放射線である。宇宙誕生以降最猛毒の人工放射線物質プルトニウムなら約2万4千年α線崩壊して、やがて安定した鉛になっていく。ということは、地上にプルトニウムを含む重い放射線物質があるということである。

国民の生命を守ることが為政者の最低限の役割であるならば、これら約200種類の放射線物質の日々の汚染マップを常にオンタイムで公表しなければならない。政府には、SPEEDIという緊急時迅速放射能影響予測システムがあり、実は2011年3月11日17時以降、1時間ごとの拡散図を入手、確認している。

その公表を政府は禁止している。通常の国家の政府のようにただちにメディアを使って公表していれば、3月14日の爆発による国民の被爆もかなり防止できたであろう。もっともその「真実」を国民に知られたくないため、国家機関・地方機関・メディア三位一体の「政府現地対策本部」を未来永劫設置できないのである。

これは災害対策法違反である。

地球規模の汚染が進行しつつある

その2011年3月14日の3号機の爆発は、間違いなくプルトニウム核爆発であったと思われる。3号機には、プルサーマル計画のプルトニウムが3パーセント入ったMOX燃料が使用されていた。使用済み前後の核燃料を冷やす「冷却プール」には3年分程度の燃料棒が置かれている。地震でこのプールが破損し、水がなくなりメルトダウンが起こった。

人工核燃料のプルトニウムは自然のウラン235とは違い、約16キログラム集まったところで自然に爆発する。この核爆発で燃料プールの燃料棒や汚染物質がすべて吹き飛んだ。これが1号機の水蒸気爆発とは全く異種の光や黒煙が生じた3号機核爆発の真相であろう。

運悪く当時は北風であり、海岸沿いに見えない煙となったプルトニウムなど200種類の人工放射線物質が関東を南下、やがて太平洋からの東風で、関越道の谷間沿いに群馬まで飛散、地上汚染した。

さらにフクシマにはメルトダウンして炉外まで出た約830トンの核分裂物質がある。50年常に水をかけないと崩壊熱は収まらない。もちろん各号機の冷却プールの使用済み核燃料物質も施設内に数百トンもある。これらにかけた水は蒸気として空中に高濃度汚染物質として飛散するとともに、残余は高濃度汚染水として地上にあふれ出る。この問題が解決されない限り、列島の汚染が日々刻々蓄積されている。さらに時間の経過とともに地球規模の汚染源となる。

こういう実態を前に、堂々と玄海原発などの再開を決定する者たちは、まさに狂っているか、眼前の利権に目が眩んでいるとしかいいようがない。あるいはそれに加え、彼らを真に支配している世界金融支配体制の脅しに屈しているのか。いずれにせよ、真に守るべき国民の生命を逆に危険に晒《さら》す彼らにこの国を導く資格はない。

（2011年6月）

13 蘇れ日本、ヤマトごころ

17年のときを超えて……

2011年6月19日、日曜日昼前。にんげんクラブ兵庫ウェルカムパーティ講演のため、新幹線から新神戸駅のプラットホームに降り立った。数歩も歩かないうちに、右足が目に見えぬ何者かに引っ張られて重くなった。というよりも私の右足に何者かが縋《すが》りつく感覚だ……。

『そうか！　まだ成仏できない人たちがいるんだ……』

17年前、阪神・淡路大震災のとき、陸幕運用責任者としてこの地で約35日間活動した。陸幕はほとんどが行政官僚であり、当時運用第1班即ち作戦幕僚は僅か10名。この10名が、この国をいかに守るかという作戦計画すべてを立案していた。

講演では、ＤＶＤ『ドキュメント有珠』も上映した。６千有余名の尊い魂の犠牲的精神のお陰で、国が災害基本法を改正し、大震災時などには「政府現地対策本部」を設立する枠組みが決定された。有珠山噴火はそのモデルケースとなり、映像には、日本初の現地対策本部を運用する私の姿も映っている。

要するに6千有余名の、この世の肉体での楽しい体験を自ら捨てた犠牲的な愛の精神が、地震列島日本で万一のときに迅速に対応できる新たな国家基盤を築いたのである。

講演の締めくくりにそのことに感謝すると、満員の聴取者以上に集まっていた自縛霊たちも役割を認識し光の国へ旅立ったことを、同席していた著名な魂の作家・はせくらみゆきさんが教えてくれた。

今生の役割の再認識

翌、20日は、かねてより約束していた河内長野市の妙見宗河南《カナン》教会の小西正純住職ご夫婦の案内で、楠正成《くすのきまさしげ》公ゆかりの地を案内していただいた。

小西住職は、かつて拙著「マインドコントロール」を読まれたときに、上九一色村のオウム・サティアンへの警察強制捜査に自衛官として唯一同行支援した私の活動に感銘を受け、その精神的なバックボーンとして、「防衛大空手道の武道精神」があると喝破された。そしてその感謝を込めて、住職仲間であり、古《いにしえ》より武人の戦勝祈願のメッカであった京都清水寺の貫首に、防衛大空手道部のために色紙に一筆したためていただき、開校祭時に届けていただいている。

私が神戸へ講演に行くことを告げると、すぐにこの「楠公ゆかりの地」の案内を計画して下さった。その途中、楠正成公の夫人が祀られている観音寺に行く。ありがたいことに、加藤宗和住職のご厚意で客殿の恩光閣の奥の間で、昼食を摂らせていただく。その歓談の中で、今回一緒にまわっていて目の前に座っていた京都在住の歴史研究家でもある写真家安田洋二郎氏が、突然に「法然」の足跡を話された。通説の解説書にも載ってないことであり、私も思わず聞き入ってしまった。

そして……『そうか！一連の今回のこの行動は、すべてこの話を聴かせるための「仕掛け」だったのか……』

というのも、「転生会議」の共著者・光明氏によると、私には法然さんが守護神としてついているという。最近、私の意志に関係なく、私の耳に法然さんのことが入る場面がちょくちょく起こっている。

多分、人生のこの辺りで、法然さん自身が私にその「役割り」をしっかり聴かせるために、今回の神戸講演と楠公ゆかりの地の案内、そして同行の役者が配役されたのであろう。河内長野から帰宅のためのJRに乗りながら、『自縛霊たちは、法然さんに救いを求めてやってきたんだ……』と再自覚した。

そして、法然の生き様と現代のテレビなどメディアに出る為政者たちを嫌が上でも比較して考えさせられた。

法然は、当時の「真実」を国家独占している比叡山に反旗を翻《ひるがえ》し、大衆にその真実を伝えるために、生涯を辻説法で終えた。

これからの行く末は……

この地球上に生きているすべての「にんげん」は、この3次元の地球において肉体に宿り、愛と感謝と共生を何度も体験しながら霊性を高め、やがてこの地球を卒業していく。そこには一切の無駄はなく、起こることにはすべて意味がある。

かつての江戸時代。日本に来た欧米人たちは、自然・動物と共生し、子ども・庶民が生活上も文化的にも豊かで人情溢れる生活をしているのをつぶさに見て感動した。当時世界最大の大都市「江戸」の中でさえ、野鳥が人の肩にとまりにくるほどであった。彼らは、「世界で唯一のこの世のパラダイス」と母国に報告した。

その市民のパラダイスを端的に伝えたのが、「浮世絵」であり、ゴッホなど「日本主義者（印象派）」を生み、西欧民主化の「引き金」となった。その浮世絵には、東海・東南海・南海連動大地震であった安政大地震後、ナマズが大量に描かれた。

つまり、「国家基盤」がおかしくなったからナマズ大明神が揺らし、「世直し」をするように「警告」を与えたのである。感性豊かな当時の日本人は、それを直感的に悟ったのである。

かつての阪神・淡路大震災では、6千有余人の尊い自己犠牲の御霊のお陰で、素直に反省し、「現地政府対策本部」という新たな国家基盤が生まれた。

では、今回の3万人を超えるといわれる東日本大震災の「警告」で、我々は何を素直に反省して、どのような新たな国家基盤をつくろうとしているのであろうか?

世に起こることは霊性向上のため、すべて必要・必然・ベスト

ここで改めなければ、当然ながら次の「警告」が来る。順番的には、東京直下型か東海沖、あるいは千葉房総南沖。東海沖は宝永や安政大地震同じく東南海、南海連動型になるであろう。この場合、鎌倉の大仏様の頭が流れる高さの津波もくる。

さらに改めない限り、その先には若狭湾原発群、伊方原発、玄海原発の暴走につながる震災も予期しうる。

下からの意識革命が勝負……

これまで見たように、もう為政者たちに頼ってはいけない。それはさきの大戦の大本営発表で十分体験してきたではないか。

特に現代は、それに加え、世界金融支配体制（黒いエゴ資本主義）、大陸からの赤いエゴ資本主義、さらにこれと連動する日本人の白いエゴ資本主義たちがメディアを通じたマインドコントロールを完璧におこなっている。

日本人には、2〜3パーセントの先覚者がいる。その先覚者が世にいいことを始めると、20〜30パーセントの素直な人がすぐに真似る。するとやがて50〜60パーセントの普通の人もおこない始め、時流となる。ただし、残りの10〜20パーセントの既得権益者は、死ぬまでおこなわない。中年以上の男性に彼ら頑迷《がんめい》固陋《ころう》者が多い。

いうまでもなく、白いエゴ資本主義者たちは、最後の頑迷固陋者たちである。権益を持ち、メディアも支配している。

しかし、以上の構造、流れ、真実を知ったならば、彼らに期待することもない。素直な人になればいい。最低限普通の人になることだ。

その上で、自らほんとうのことを知り、伝え、下からの意識革命を起こすことである。かつての浮世絵を通じて、市民革命を起こしたゴッホたちのように。

ほんとうのことを知れば、生き方が変わる
生き方が変われば、人生が変わる
人生が変われば、社会が変わる
社会が変われば、地球が五次元に進化する。

幸せの青い鳥は、世界中探しても外にはいない。幸せの青い鳥は、日本の中に、心の中にある。

今必要なのは、霊性ルネッサンス……

……一人から始める

……一人でも始める

……一人でも続ける

蘇れ！　日本!!

蘇れ！　ヤマトごころ……

（2011年7月）

フクシマを知れば世界の真実が見える

前編で最後に、3・11フクシマの国家存亡の危機に、武士道精神で被災者の哀しみをわが心として、放射能等の身の危険を顧みず救助にあたる自衛官を紹介したように、あらゆる意味で「3・11フクシマ」は、日本だけでなく世界のターニングポイントになりました。

それを一言でいうならば、「蟻《あり》の一穴」です。つまり、世界金融支配体制がメディア洗脳でつくってきた「嘘の世界」の化けの皮が剥がれて、世界の人々が真実に目覚め、彼らを排除し始めたのです。その意味でも、後編の「わが日本を憂う」の前に、原発即ち放射能問題の真相を明らかにしておきたいと思います。

さて、宇宙の進化の一環として地球文明を向上させている人類が、最後に克服しなければならない二つが「戦争」と「核（原発）」といわれています。どちらも人類の存在そのものを不可能にします。そのパンドラの箱を開けて、「今だけ・自分だけ・お金だけ」でこれらを積極的に悪用してきたのが「世界金融支配体制」でした。彼らは、アメリカのＦＲＢ（連邦準備制度理事会）を使った金融力でアメリカ等国家を裏から支配してきました。

その彼らが、もっとも恐れ二度と彼らに逆らわないように滅亡させたいのが、実は「和の国・日本」なのです。そのための最大の仕掛けが、地震列島に地獄の窯・原発を54基も設置してきたことなのです。

ところで、人類の進化のために、絶対におこなってはならないものが二つあります。「遺伝子操作」と「核分裂」です。どちらも遺伝子を破壊し、自然の摂理に沿った宇宙の進化を阻害してしまうからです。

なぜ、核分裂がダメなのか見ていきましょう。それにはまず、チェルノブイリ原発事故の史実を知ることです。

30年前のチェルノブイリ原発爆発事故では、2万人の軍人の犠牲的活動でメルトスルーを止め、石棺で完全封鎖しました。しかし、その作業のわずか2週間の間、核燃料の一部が死の灰となって流れました。そのため政府は1ミリシーベルト以上の汚染地域を立ち入り禁止地区としました。30近くの村が廃村となっています。

ちなみに1ミリシーベルトは日本の基準で、0・1ミリシーベルトの世界基準の10倍の汚染となります。それから30年後、ベラルーシのある病院では、生まれる赤ん坊の正常児が2パーセントというショッキングな報告がなされています。封じ込めた核燃料自体も手つかずで、処理が可能となるのは500年後と見積もられています。

翻って、フクシマでは約836トンの核燃料がメルトスルーし、手つかずの状態。熱をもって爆発するので、50年間は水で冷やさなければなりません。今でも一日8000トンの放射能汚染水蒸気と約80億ベクレルの汚染水が垂れ流されています。

β線による内部被爆で遺伝子を破壊するセシウムボールも関東

一円に飛んできています。30年後の日本はどうなっているのでしょうか。

ではさらに、何故遺伝子が破壊されるのか見ていきましょう。

セシウムボールは、1マイクロメートル、花粉の十分の一ほどの大きさのβ線を出す人工放射性物質です。ウラン235を核分裂させることにより、熱と中性子と、約300種の人工放射性物質が生成されます。この人工放射性物質で最も多いのがセシウムなのです。セシウムは、30年間β線を出し、最後の数十秒間γ線を出して安全なバリウムになります。

ちなみに、核弾頭に使われる人工ウラン239、つまりプルトニウムは、α線→β線→γ線と順番に放出して、半減期24万年で鉛になります。α線は陽子と中性子が二つずつのヘリウム核、つまり物質。β線は電子、つまりこれも物質。γ線は電磁波、電波と同じです。

つまり、放射能は、人工的につくられた「鬼子」の人工放射性物質が一生懸命安全な物質になるための排出物です。これが、人体特に遺伝子を損壊します。セシウムボールは、微小な物質ですから、水、空気、食べ物と一緒に体内に取り込まれます。特に、食物連鎖の頂点の人間に集約されます。β線は65万ｅＶ（エレクトボルト）の電磁力があります。電磁石をイメージしてください。人間のＤＮＡは４つの塩基が10ｅＶの力でつながってらせん構造で情報を蓄えています。

10のところに65万の力のモノがいけば、遺伝子は破壊されます。だから新陳代謝の早い細胞から組織が壊れていきます。心臓や脳の血管に起因する突然死、がん、世代を超えて奇形児。ちなみに、α線は550万eV。γ線も20万eVありますが、電磁波なので、瞬間的に身体を突き抜けていきます。

このときに、DNAの一部が切断されても、人間は38億年の進化の過程で、その程度の修復する力・自己治癒力はあります。しかし、体内に入ったセシウムボールの内部被爆では30年間DNAが破壊されるのです。

プルトニウムなら24万年!

せめて、睡眠をとる家の中では、セシウムボール等に対応する空気清浄器、浄水器で内部被爆から守る時代になりました。また、γ線対策には、自らα波を出して、電磁波を抱き参らせてくれる「テクノＡＯ」をお勧めします。

放射能が世界の真実を知るキーワードの重要な一つと理解された上で、では後編の「アメリカ編」の扉をお開きください。

世界金融支配体制とは……？

①決して表に出ることなく、
世界を裏から動かしている真の支配者グループ

②真の支配者グループから直接指示を受け、
表の世界で実際に動く権力者グループ

③真の支配者を知らず、
表の権力者のために働く（または働かされる）グループ

④上記の構造など一切知らない普通の人々
（いわゆる働き蜂・世論を形成）

⑤上記の構造を熟知した上で意識向上し、
世界をよくするために活動する人たち（有意の人）

「お金」の力で人の「心を支配」する態勢を「世界金融支配体制」といいます。

世界の真実を見るポイントは、その人がどの「グループ」に入っていて、さらに「お金」が最終的にどこに集まるのかを見ることです。

第2章

我が日本を憂う

14 今問われるこの国のありよう

集団的自衛権を巡る論争

集団的自衛権を巡る論争が激しさを増しています。国家固有の権利である集団的自衛権があるかないかを、大まじめに国論を二分して闘っているのは、世界195ヵ国の独立国家の中で日本だけです。

かつては、自衛隊が憲法違反であることが大まじめに論議されました。これを進めていくと非武装中立という、現実の国際社会ではありえない空想論に陥ります。その後の経過は、自衛隊の真摯な国民を守る犠牲的精神の活動もあり、今ではほとんどの国民から自衛隊は合憲であると認められています。

今回の集団的自衛権も自衛隊問題と同じような道をたどるかも知れません。もっともそうなるためには、なぜ今ごろ日本だけが憲法上集団的自衛権が認められていないのか、あるいはなぜ今認めなければならないのか、さまざまな観点から真実を知っておくことが大切です。

国連憲章・敵国条項の対象は日本

国家固有の権利である自衛権に、「個別」自衛権と「集団的」自衛権の二つがあることが認められたのは、国連憲章をつくったときからです。

そもそもかつては、戦争は外交の一手段であり、国家固有の権利として戦争をおこなっていました。しかしながら科学の進歩とともに、一般国民に及ぼす膨大な被害に鑑み、1928年のパリ不戦条約以降、国権の発動たる戦争を「違法」とする国際法の解釈ができてきました。

そして、第二次世界大戦の悲惨な状況から国際連合を創設する際に、国権の発動たる戦争自体を「侵略」(悪)と規定したのです。

ここで、「国際連合」は誤訳であり、実際は「United Nations」ですから、「連合国」であることを認識しておく必要があります。ドイツ、日本など枢軸国と戦った国の集まりであり、その憲章なのです。だから国連（慣例に則りＵＮをこのように私も訳します）憲章には、「敵国条項」があります。今でも、対象は日本なのです。

この憲章上、日本が侵略的な政策を再び始める兆候が認められたら、加盟国はいつでも武力で日本を叩くことも認められています。中国が日本を敵視する意味合いもここに深い原因があるといえるかも知れません。

ただし、この国連憲章ができたときには、次の大前提がありました。

国際連合が世界国家の役割を果たし、その中核である常任理事国が「世界政府」としての役割を果たす。常任理事国のもと「国連軍」が創立され、世界の平和を維持する。

それゆえ、各国は軍の保持さえ必要ないとさえいわれていたのです。ところが実態はどうでしょうか？

集団的自衛権の歴史的背景

5大国のうち、真の勝利国といえるのはアメリカだけでした。イギリスもソ連も膨大なアメリカの支援があって漸くドイツに勝利しました。そのソ連は、資本主義を敵とする共産主義国家でした。中国も蒋介石率いる中華民国が5大国に撰ばれましたが、一度も勝利したこともなく、毛沢東共産党、各地方の軍閥と内乱を繰り返すカオスの国でした。フランスも早々にドイツに占領され、アメリカ軍に解放された亡命政権でした。これらの成り立ちも意識も違う国々が5大国として「拒否権」まで認められたのです。

要するに、とても世界平和を標榜する世界政府にはなりえなかったのです。当然の帰結として、国連軍の創設など非現実な創作文に過ぎなくなりました。そこで南米大陸の中小国などから、「国連軍が創設され平和の維持ができるまで」お互いが協力して侵略から守るという「集団的」自衛権が要望されて、国連憲章に組み込まれ、現在に至っているのです。実際問題、NATOやワルシャワ条約、日米安全保障条約など、世界の国々はこの集団的自衛権でお互いの安全を保障しあっているのです。

国際法違反の現日本国憲法

ところが、日本ではこの集団的自衛権は、憲法上違憲であると40年近く「解釈」されてきました。そこには、さまざまな深謀遠慮が感じられます。そもそも憲法がつくられたときには、米軍の占領下で、自衛隊もないのですから、もともと「解釈」で運用するしかない欠陥憲法といえるのです。

つまり、現憲法は、日本敗戦後のGHQ（占領米軍）がつくって渡し、日本人が2週間で日本語に翻訳し、日本政府がつくったように発表されたものです。あきらかに、占領国の法律を変えてはならないという国際法であるハーグ陸戦法規違反の憲法です。

改正云々というよりも、即刻無効宣言し、「破棄」すべきものなのです。

同じように敗戦し、連合国に占領されたドイツも日本と同じような「憲法案」を渡されました。

ところがドイツでは、「国際法上違反」と無視したのです。さすが、物事を始める前にまず「哲学（理念）」を徹底して論じる民族性です。

そもそも前提が違っているのである

この国際法違反の現日本国憲法をつくっているときと、国連憲章をつくっているときは重なるものがあります。つまり、国際紛争は、国連軍が解決するという前提なのです。それは憲法9条の「解釈」にもかかわる重大な問題をはらんでいます。つまり、憲法9条の第1項には、国権の発動たる戦争を放棄しています。さらに第2項には、陸海空の軍の保持と交戦権を禁じています。これも、「世界政府」のもと、「国連軍」が国際警察として世界の平和を維持する、という前提があって初めて成り立つものなのです。

ところが英文を案として渡されただけなので、その文字間の意味が読みとれないのです。だから、草案のときから、日本人が考えてつくった憲法でないとダメなのです。この意味でも自主憲法の制定が大切なのです。

日本が二度と牙を剥かぬように

では、この憲法をつくって渡したアメリカにはどのような「意図」があったのでしょうか。それには、なぜアメリカが中立法を破って日本に参戦したのか、考察する必要があります。

もっとも戦う意思のないアメリカ人を戦争に駆り立てるには、「最初の一発」を日本軍に撃たせる必要があります。「真珠湾奇襲」です。これも今ではアメリカの「仕掛け」とわかっています。ここでの説明は省きます。

日本という国が近代国家として勃興するまで、世界は白人特にアングロサクソン人の支配下にありました。

ところが日本が日露戦争に勝ち、国際連盟で5大国にまでなると、有色人種を白人支配から解放する希望の星になっていました。特に、先の大東亜戦争により、日本の犠牲のもと、世界から植民地主義がなくなり、民族平等の時代になったと世界の歴史家から指摘されるようになりました。

これを具体的に見ることができるのが、天皇陛下の大喪の礼での参加国数です。明治天皇、大正天皇のときは、それぞれ20ヵ国、26ヵ国ですが、昭和天皇のときは一挙に164ヵ国に増えました。日本の犠牲の上で独立できたことを一番彼らがわかっているからです。

米軍は、占領軍であり、母国アメリカの利益のために駐留しています。日本を軍事支配するにあたり、彼らの目的は明確でした。

二度と軍事的にアメリカに刃向かえないようにする。
このため、戦力の保持を禁じ、未来永劫米軍が肩代わりをする。

そして、日本の独立が回復されるサンフランシスコ講和条約以降も、このアメリカの「国益」が引き続き維持できる体制にすることにしました。それが「治外法権下」の米軍の駐留を認める日米安保の「地位協定」なのです。

つまり、米軍占領下、経済的繁栄のみを許す半植民地国家としての新たな日本の道です。

さらに重要なことは、アメリカを真に支配する国家を超えた「世界金融支配体制」の「利益」のために、未来永劫日本を支配下に置く、という深い意図です。

こういう軍事占領下で、もし自衛隊が使われたら、彼らの利益のために犠牲になることを覚悟しなければなりません。そうならないために、「憲法上違憲」と上手く歴代の為政者たちはかわしてきたのだといえます。

今回の集団的自衛権を反対する方々は、このことを一番危惧されるわけです。

もし、集団的自衛権を行使することができるようにするならば、同時に米軍の日本駐留を止めるか、少なくとも治外法権下ではなく、日本の法制下に駐屯するようにする必要があります。

目覚めよ！ 日本。切望される意識向上

しかしながら、人も国家も成長します。一部のどん欲な支配者の専制支配も国民の意識の向上とともに、足下から崩れていきます。まさに、現在その流れが加速しているのではないでしょうか。

合憲・違憲の論争の前に、まず、自衛隊が彼らの利益のために絶対的に使われないための国民「意識」を向上させることが大切だと思います。

そのためには、この国のありようを、しっかり見つめ直すことです。「和を以て貴し」を理念に、「利他のこころ」で社会が動く、本来の日（霊）の本の国にしたいものです。植民地から解放された国々の心ある人たちも、日本のその「蘇り」を祈っているのです。

（2015年9月）

15 世界金融支配体制から子孫を守る

世界金融支配体制とは？

戦前、かつての日本人は、米英諸国の奥に、国家を超えて存在して、世界を金融支配するものたちの存在を的確につかみ、本にも書いていました。

たとえば、『思想戦と国際秘密結社』（昭和17年、北条清一編著）によれば、世界金融支配を次のように分析しています。

❶人間を心理的に唯物化、機械化せしめる金融支配の仕組み。

❷少数で多数を支配する魔術として、ユダヤ（筆者注：アシュケナージ・ユダヤ）一流の政治、経済、社会全般にわたる理論と組織を案出。

❸これを定説化するために、言論機関を独占して盛んに宣伝。彼らの標語は、「同じウソを反論なしで三ぺんいえば、ウソが真実になる」。

❹自由主義も、資本主義、共産主義も人を隷属させるために彼らがつくった虚構であり、自然の人間性を喪失させる。

具体的には、彼ら傘下の中央銀行を各国に設立し、国家から奪った通貨発行権で紙幣を印刷し、利子付きで政府に貸し出す。彼らは巧に戦争をしかけ、国家は中央銀行に莫大な借金を背負わされ、やがて国家破綻させられる。

そして、国家がなくなったあと、税金という形で国民から収奪した膨大な資金で彼らの支配する「ワンワールドオーダー（世界統一政府）」という、未来永劫続く彼らのための千年王国を樹立する……。

ちなみに、人類史上最初で最後の「市民のパラダイス国家」といわれる日本の江戸時代は、税金がありませんでした。政府（幕府）が貨幣を発行していたので、市民から税金をとる必要がなかったのです。

現代でも同じです。国民（政府）が私物の中央銀行から通貨発行権を奪い返せば税金など不要なのです。1963年、アメリカのケネディ大統領は、これを宣言しようとして演説に向かう途中、彼らに暗殺されたわけです。

しかしながら、現代ではアイスランドやハンガリーで既に政府が通貨を発行するようになりました。時代は変わり目を迎えています。

なぜ日本を徹底して支配するのか

500年続いた彼ら白人による有色人種搾取の植民地時代。有色人種で独立国家として、彼らに対抗していたのは、世界の中で唯一日本だけでした。日本は、世界の被支配民族にとって、最後の希望の星だったのです。

つまり、有色人種を動植物と見なしてなんの呵責《かしゃく》もなく殺戮《さつりく》してきた彼ら白人の植民地支配などの実態を記録し、分析した書物があるのは、実は日本だけだったのです。それも僅か70年前までのことなのです。

70年前、いわゆる戦後に、日本を完膚なきまで爆撃や原爆で破壊して占領したのち、これらの人類にとっても重要な歴史的戦略分析書は、戦後日本を支配したGHQにより、焚書7700冊の一部として日本から持ち去られてしまったのです。冒頭に紹介した『思想戦と国際秘密結社』は、その貴重な1冊なのです。

さらに、将来にわたって彼らに二度と逆らわないように、日本の教育から「戦略」科目を削除し、また彼らの500年にわたる植民地支配を、日本の侵略に置き換えるという「歴史のねつ造」をおこなってきました。

「極東国際軍事裁判」「プレスコード」「日本国憲法」などは、日本人に永久の「贖罪意識」を植え付ける壮大な「仕掛け」でした。

しかも同じ日本人として戦った朝鮮人に「戦勝国人」の地位を与え、さらに共産党・中国を連合国の5大国に組み入れて、永久に日本と対立する構図をつくり上げました。まさに、極東を「分断」して「支配」する体制です。

人口を削減しながら金融搾取

冒頭に説明したように、彼らの世界支配は金融支配です。ＦＲＢに代表される中央銀行を核心とする世界的企業軍団が、世界の国々から、その国民を病弱化しながら、お金を吸い上げていくのです。その典型がモンサントといえます。

具体的には、石油由来の化学化合物である食品添加物・農薬・薬・ワクチン・放射能・塩素水・遺伝子組み換え食品などでＤＮＡを破壊し、病気をつくって膨大な医療費などで金融搾取しながら人口抹消するのです。

ちなみに、ドイツなどではワクチンは一切禁止です。もう予防接種を止めています。それを日本では、避妊成分まで入れているものを子宮頸がん予防ワクチンと称して、ほとんどの女子中学・高校生に接種させています。

まさに、母親の無知は子供への、さらに未来の子孫への罪。日本では、テレビや新聞情報などに依存せず、自ら真実を知らなければならない構図に、戦後陥っているのです。早くこの情報マインドコントロールに気づいてほしいものです。

いずれにせよ、彼らにとって国家は金融搾取のための「駒」に過ぎなく、通貨発行権を奪われ、中央銀行に借銭をし、時間とともに財政が破綻して、国家破滅へと導かれます。ギリシャに始まった国家金融危機は、やがて日本やアメリカ、中国など中央銀行制度の国々に波及するでしょう。

要は、今は資本主義の終焉の始まりなのです。再度強調しますが、このままだと気がついたときには、国家を超えた彼らの私有世界帝国というワンワールドオーダーのもとでの、文字どおり奴隷に陥っているかも知れません。

要するに、彼ら世界金融支配体制にとっては、戦争もテロも病気も原発爆発に伴う放射能汚染もすべて、彼らにとって不必要な人口の削減と金融収奪の一手段に過ぎない、ということなのです。

最後の仕上げは巨大企業軍団の直接収奪

効率よく対象国などの人口を抹消しながらお金を奪うには、助攻と主攻を上手く使い分けます。言葉を換えれば、真の目的を隠すために、表ではこれから侵略する国の世論の意識をどうでもいいことに釘づけにして、彼らの真に目的とする行動から国民の意識を逸《そ》らせます。

ズバリ、今日本を未来永劫金融支配するための仕掛け・主攻は、彼らの多国籍企業を直接日本本土に上陸させて、企業活動することです。ラチェット規定、ISD条項という「治外法権」つきのTPPです。かつての日本支配のための「業務改善要望書」が鳩山首相のときに解消された代わりに、アメリカ企業が日本本土で活動できるように模様替えしたのがTPPなのです。

集団的自衛権は、この真の目的を隠し、密かに日本国にTPPを通じて彼らの多国籍巨大企業軍団を侵入させるための「助攻」に過ぎません。国連加盟国193ヵ国、いずれの国も「集団的自衛権」と「個別自衛権」を固有の権利として持っており、左右に別れてけんけんがくがくの「神話」論争をおこなうのは日本だけです。

左の「戦争反対」も、右の「中国脅威」も、日本を今も植民地支配する世界金融支配体制からつくられ、論争させられていることに気がついていないのです。

戦後日本は、米軍の「治外法権」下の占領のもと、植民地国家として、経済的繁栄のみ許されてきました。柔らかくいえば、「安保ただ乗り論」という彼らの支配のための造語に象徴される米軍依存の半独立的植民地状態です。

ところが彼らは、永久に邪魔な日本人を軍事的植民地支配体制だけでなく、さらに化学物質・放射能・遺伝子組み換え食品・子宮頸がん予防ワクチンなどで、3世代で末梢する手段を執りだしてきたのです。ここに早く気がつかなければなりません。

その最終的体制がＴＰＰによるモンサントなど、彼ら企業軍団の日本本土直接支配なのです。この彼らの真の意図をしっかり見抜いて対処することです。

今こそ、ヤマトごころに基づく真の独立国・日本に

集団的自衛権も、米軍の治外法権をなくして、日本の法の支配下における駐留

とすることを前提としなければなりません。でなければ、アメリカのやらせである対テロ戦争に自衛隊が駆り出されかねません。これまでの被支配民族の希望の星だった日本が、彼らの期待を裏切り、搾取側に寝返ったと見られます。

日本のヤマトごころと通じるゲルマン魂があるドイツは、数年かけて米軍の治外法権を撤廃しました。だから国際的にも真の独立国家として、世界のよき調停者として信頼を受けるようになり、重要な活動ができているのです。

米軍占領下に制定された現日本国憲法が国際法的にも違法なのは、世界の常識です。しっかりとした日本の「和を以って貴し」の精神に基づく自主憲法を定め、真の独立国家となり、ドイツのように「安全と証明されたもの」だけが流通できる社会を構築し、七代先の子供たちが健康に幸せに暮らせる独立国・日本にしたいものです。

その役割こそ、大転換点を迎えているこの地球における世界の「雛形」として、「日本の使命」であると、世界の識者が期待しているのです。

（2015年10月）

16 空手道をオリンピック正式種目に

東京オリンピックに空手道採用

空手道が、野球、ソフトボール、ローラースポーツ（スケートボード）、スポーツクライミング、サーフィンとともに、２０２０年東京オリンピックの追加種目候補として日本オリンピック委員会（ＪＯＣ）から国際オリンピック委員会（ＩＯＣ）に提案されることが決まりました。

つまり、東京オリンピック大会組織委員会は、開催都市に提案権が与えられている追加競技・追加種目に立候補していた26の国際競技を8競技に絞り込み、２０１５年9月28日の18時30分に記者会見を開き、その中から5競技を最終候補として発表しました。

まだＩＯＣの正式決定ではありませんが、認可されることは間違いないと思われます。これは空手道界の積年の夢の実現だけでなく、観点を変えれば、戦後封印されていたヤマトごころ・日本蘇りの象徴でもあり、さらに深くとらえれば、断末魔を迎えようとしている現代文明の燭光《ともしび》とも見ることができます。

戦後封印された武道の真実

国家を超えてその奥から現代文明を支配する世界金融支配体制者たちは、彼らに唯一国家をあげて抵抗した日本を、空襲や原爆で完膚なきまでに破壊した後、日本を二度と彼らに逆らえないように様々な占領政策をおこなってきました。

なぜなら、日本の民族・国家を犠牲にした最後の戦いにより、彼らが５００年かかって営々と築き上げた彼らの繁栄の基盤である、当時日本を除く全世界ともいえる植民地を放棄せざるを得なくなったのですから。それゆえ二度と同じ轍を踏まないように、日本だけは永久に彼らの占領・統治下において封じ込めなくてはならないのです。

その日本封じ込めの施策の一つに「武道の禁止」がありました。

その一方で、体躯的に劣る黄色人種でありながら強い日本兵、その強さの秘訣に武道の存在を認め、彼らは米軍の教育に積極的に取り込みました。

その際、合気道、柔道、空手道の代表に、米軍の格闘教官がナイフで襲った場面の「試合」をさせました。合気道と柔道の代表が次々に腹を刺されて敗れる中で、瞬時の「中段受け」で相手のナイフを落とすとともに、間髪入れぬ「逆突き」の一撃で巨漢のアメリカ教官を倒した男がいました。

空手道代表、日本に琉球唐手道を紹介・導入した船越義珍先生のもとで学び、近代空手道中興の祖といわれ日本空手協会の初代主席師範となった中山正敏先生でした。

その後、戦略空軍や憲兵隊を中心に中山道場で学んだアメリカ軍人たちが世界に赴任するとともに空手道も広がり、今では世界の空手道人口は4000万人を超えるともいわれています。

空手道の神髄は形に見ることができる

空手道の特徴は、「極《き》め」と「空手に先手なし」にあります。「極め」とは、心身の力を一点に集中発揮する爆発力をいいます。

空手道は非常に科学的な武道です。足で地面を押す反発力を腰の回転から突き出す拳の一点に瞬時に伝達発揮します。つまり地球の力を物理的に利用しているともいえます。これに気合いを全力でかけることにより、「気」の力も集中発揮します。この物理的力と気の力の一瞬の合体集中発揮が、素手でコンクリートブロックさえも破壊する瞬発力となるのです。

そもそも武道は、戈《たたかい》を止める道です。できうる限り相手を殺さず傷つけず、味方に取り込むことが最上の戦い方です。それゆえ、剣道でも無刀取りが究極の技といわれるのです。

さらに鍛錬を通じて人格・霊性を上げることにより、敵をも感化して戦わずして味方にすることが最終の人生修行の目標となるのです。中山先生の5つの道場訓の第一は、「人格の陶冶に努むること」でした。

空手道の「形」は、すべて「受け」から始まります。自ら先に攻撃はしません。受けで相手の武器や攻撃意思をなくしたら、あえて相手を倒す攻撃はする必要もないのです。ここに、空手道が武道の神髄を体現しているといってもいい秘訣があるのです。

空手道の試合には今では「組み手」もあります。しかし、あくまで組み手の試合は、修行の一環なのです。大衆スポーツ化することにより空手道の人口も増えます。そのために、「極め」をしっかり見極めることのできる審判の下で、組み手の試合も活発におこなわれているのです。要するに、本来の空手道の神髄は形に見ることができます。

〝テコンドー〟のオリンピック正式種目採用の真実

ところで、1988年のソウルオリンピックで韓国のテコンドーがオリンピックの公開競技種目となり、２０００年より正式種目として採用されています。

実は、このテコンドーは日本の空手道からつくられたのです。１９１０年から終戦の１９４５年までの35年間、朝鮮半島は同じ日本国でした。戦前日本本土に同じ日本人として留学していた崔泓熙《チェホンヒ》は、船越義珍先生や中山正敏先生のもとで空手道を習いました。戦後韓国に帰国後、銃を持つ軍隊用に、空手道の技の中から足技主体の格技を考えて普及、１９５５年にテコンドーと名づけました。

やがてこれが、生まれたばかりの韓国の「国技」となっていったわけです。

先述したとおり、世界金融支配体制者たちにとっては、戦後は日本を封じ込めることがアジア支配の最重要課題です。このために、韓国、北朝鮮、中国を「反日国家」にするとともに、日本人自身に極東軍事裁判等で「贖罪意識」を植え込みました。そうすれば、政治的にも経済的にも、また民族心的にも未来永劫日本を封じ込めることができるからです。

このように見てくれば、競技人口40万人のテコンドーが、競技人口４０００万人で世界的にも人気のある空手道を押しのけて、27年も昔にオリンピックの公開競技種目に、そして15年も前に正式採用された謎も垣間見えてくるのではないでしょうか。

私には、日本つまりヤマトのこころを封じ込めるための象徴にも見えます。

空手道採用に歴史的意義

ヤマトのこころとは、江戸時代のような「おもてなし」の世界です。お金は要りません。その対極がお金がすべての世界であり、世界金融支配体制者たちが支配してきた現代西欧文明といえます。その彼らにつくられた国家・アメリカは建国以来240年間で戦いのなかった年は僅か17年。戦いのすべてが外征、つまり資源等収奪のためのエゴ的戦争でした。その戦いの文明が、このままでは地球の生存環境まで破壊してしまうことが明らかになってきたのが、今このときではないでしょうか。

もし、すべての国家の軍隊が、戈《たたかい》を止める道をモットーにしたならば、無益な戦争は起こり得ません。まさに、日本国、自衛隊の専守防衛の構えです。

ちなみに自衛隊の徒手格闘の打撃技は空手道の技です。防衛大空手道部創立の最大の貢献者が、実は中山正敏先生であり、自衛隊武道空手道の祖ともいえるからです。もし、人格陶冶に日々励みながら、先手なしの専守防衛で臨む軍隊だけの世界になれば、この地上からの戦争はなくなります。

こういう意味でも、現代文明と地球環境の破綻が予期される時代の結節点で、封じ込まれていた真の武道・空手道が、オリンピック競技の正式種目となる兆しが見えてきたことは、極めて意義深いと思います。

神一厘の仕掛けは日本蘇り

ちなみに3・11フクシマの大災難のときも、スポーツ・騎士道の米軍と武道・武士道の自衛隊とは救助活動に典型的な差違が見られました。スポーツ・騎士道の米軍の場合は、活動中のメディアによる名誉や事後の思いやり予算の増加など

「メダル」が授与されました。

実は、活動経費まで要求され支払われているのです。

一方、自衛隊の場合は、メディアの来ない場所でも被災者のために命がけの救助活動をおこない、なんらの「報償」もいただきません。

武士は、民百姓のために命をかけて守るのが性分です。決して、自分たちの名誉や一部の権力者の利益のために無益な戦いをしません。江戸時代は、武士が非番のときに、小遣い稼ぎに珍しい黄色の朝顔などの鉢をつくって売っていたこともわかっています。それだけメンデルの遺伝法則など植物学、ひいては自然環境の摂理にも活きた高度な知識を持ち合わせていたのです。

オリンピックの空手道の追加競技採用を機に、東京オリンピックの２０２０年までに、改めて自然と共生して世界の魁であった日本人と、この国の在りようについて、再認識していきたいものです。

そして自然美あふれたおもてなしの日本社会に接した世界の人々が、空手道の形の演武で感動するとともに、地球と共生する本来の人類の生き様に目覚めるのではないでしょうか。
それが日月神示のいうところの「神一厘の仕掛け」かな、と私には思われてなりません。

（2016年3月）

17 嗚呼、オスプレイ……遥かなる日本の独立

異様を異様と感じない異常性

2016年12月14日、米海兵隊の新型輸送機MV22オスプレイが沖縄県名護市沖に墜落大破しました。

いみじくも対岸は、同機の米海兵隊新基地が建設されている辺野古です。辺野古の新基地建設には、沖縄県知事以下猛烈な反対運動がおこなわれています。知事以下地元住民が大反対しているにもかかわらず、同月28日には工事が強行再開されました。

しかも、施工者は日本政府です。これ自体も、世界の独立国家ではあり得ない

日本特有の「異常事態」といえます。

さて、オスプレイの墜落現場です。ただちに周辺にテープで「結界」をつくり、日本の機動隊が「円陣防御」の態勢をとりました。ここまでは、よくある事故などの現場保存ですから頷けます。ところがここからが異常でした。

日本の領土にもかかわらず、日本人は誰一人その「境界」に入ることができないのです。しかも、国土交通省の事故調査委員や検察、知事さえ入れないのです。米軍に原因解明を求めても「無視」されて終わりでした。

一方、アメリカ人ならば、二十歳にも届かないような新兵が自由に出入りして、笑いながら「ゲーム」のような仕草をしているのが、ニュース画面で流れていました。もっとも戦後の「彼ら」の体制下で育った日本人には、これらの異常事態も他人ごとで何ら意識することもないと思われます。

そこで、これからあなたの身に起こりうる近未来の事態をシミュレーションしてみます。ぜひ、自分ごととして考えてみてください。

これから起こりうる身近な危機

あなたは、郊外の丘に素敵な一軒家を手に入れて、幸せな日々を送っています。

ところが、ある日突然「ドローン」が庭先に「不時着」します。

ビックリして市役所か警察に電話しようかと迷っている間に、何やら家の回りが物々しい雰囲気になっています。いつの間にか、ドローンを中心に半径1000メートルの円形のテープが張られ、「立入禁止」の札があります。そして、警察官があなたに家からの「立ち退き」を命じます。とりあえず、手荷物だけ持って「領域」から出ます。少し落ち着くと、家の中に置き去りにしてきたペットが気にかかります。連れてこようと家に戻ろうとすると、警官から、

「この中は、ドローン所有者の領地となりました。所有者以外立入禁止です」

いくら政府に抗議しても無駄です。「国際協定」で決まっている処置を警察官は任務遂行しているに過ぎません。

この「ドローン」を「オスプレイ」に置き換えてください。米軍のオスプレイ

が墜落した場合、ただちに周辺は「アメリカ領土」となります。

日本人の人命は無視

オスプレイは、極めて不安定な輸送機です。特に離発着時に航空工学上の難点があり、かつては防衛省も「未亡人製造機」として導入を見送ったほどです。今でも（2017年）アメリカ陸軍は導入していません。それを1機100億円以上の「言い値」で日本は購入しました。

しかも、米軍機は、オスプレイにかかわらず、日本国にある米軍基地から離発着しても、「アメリカ人居住地」の上空を飛ぶことは禁止されています。米軍は、自国民が抗議すればその上を飛べません。ハワイでも同じです。

その一方で、日本本土上空は市街地であってもどこでも自由に飛べます。しかも、日本側への飛行計画の事前通知は必要ありません。因みに、国土防衛に任ずる陸上自衛隊の部隊が、駐屯外の公道を徒歩行進訓練するだけで、事前許可がいるのとはまったく様相が逆です。

日本は未だに米軍の占領下にある

もう、この「異常性」に気がついたでしょうか。戦後、70年以上たっても、アメリカ軍の日本占領体制は、実質変わってないのです。ズバリいえば、日本は今だに米軍の占領下にある「被植民地国家」なのです。

昭和20年（１９４５年）８月15日の敗戦から約６年間、日本はＧＨＱつまり、米軍の占領下に置かれました。

世界で唯一、彼ら白人の世界金融支配体制に真っ向から挑み、原爆２発を含む全国焦土爆撃で焼け野が原にされながらも、５００年にわたっておこなわれてきた彼ら白人による有色人の植民地支配に終焉をもたらせたかつての日本。

このため占領下に、二度と彼らに立ち向かってこないようにするためのさまざまな「策」を講じてきました。

たとえば、彼らに都合のいい新日本国憲法をつくって手渡し、しかも日本人自身がつくったように工作しました。また、彼らの植民地支配の実態を分析した7700冊の「不都合な図書」を焚書にするとともに、米軍人による婦女暴行事件も記事にさせない等の言論統制である「プレスコード」をおこなうなど、完璧な「洗脳」「白痴化」政策をおこなってきました。

その日本統治の「源力」が、占領軍の武力であり、平和時における「治外法権付き」駐留なのです。

日米地位協定の真実

約6年の占領後の1951年9月8日、サンフランシスコのオペラ座で連合諸国と日本国の間で平和条約が結ばれました。戦争状態が終わり、日本が主権を回復した日です。本条約には、「いかなる理由があろうとも、締結後3ヵ月以内に日本から占領軍が撤退する」ことが明記されています。

実は、プレスコードのために報道はされていませんが、約6年間の駐留間に日本人婦女子3万人が米軍人による婦女暴行被害を受けています。

しかし、「治外法権」のため、すべて泣き寝入りでした。これらの悲惨な状況からやっと解放される……日本の代表者たちは心から喜びました。

ところが、その華やかなオペラ会場から全権大使の吉田茂首相だけが、米軍人たちに下士官食堂に「拉致」され、日米安保条約特に問題の「日米地位協定」にサインさせられました。

条約なら国会の承認が必要で、審議されるうちに国民に内容がわかり、あまりに不利益なものは反発を買って承認されません。

ところが「協定」なら政府間の「交換文書」で、国民に知らせなくてもすみます。「秘密文書」に指定すれば公開する必要がありません。

恐怖の中でサインしたと思われる吉田首相が、日本の代表団のもとに帰り、ことの始終を伝えると、「ああ、日本の独立が消えた」と皆が地団駄（じだんだ）を踏んで悔しがったのです。

その地位協定を一言でいえば、次のとおりです。

「日本領土において、米軍の欲する時《とき》と場所に自由に展開・行動できる」

異国の中で、外国軍が自由に、しかも「治外法権」で行動できる場合、それはもはや独立国でなく、植民地といえます。その典型が「横田・座間エリア」であり、太平洋から日本海に及ぶ都心エリアの上空は、「アメリカ」なのです。日本国籍機が許可なくこの空域に入った場合、撃墜されても文句はいえないのです。

真の独立には「治外法権」を抜くこと

もちろん、これらの「不平等条約」を解消するために、歴代の為政者たちはさまざまな努力をしてきました。その代償で不慮の死を遂げた人もいます。時代が来れば真の日本人で真の「特攻隊員」だったと再評価されるかも知れません。そういう評価ができる時代が来ない限り、この民族に明日はないでしょう。

しかし、世代が変わり、米軍等の駐留に伴う「利権」等が増大するとともに、彼らの支配に協力する勢力がどんどん力を得て来ました。

今、日本人の二人に一人が、がんで亡くなっています。これも戦後70年の事象です。すばりいえば、日本人のＤＮＡを傷つけながら、三代で人口抹殺し、全財産を巻き上げる彼らの「仕掛け」に協力しながら、その「おこぼれ」を頂戴しながら自分たちだけ生き延びようとする、つまり植民地の「現地代官的人畜」に陥っている日本人もいるのです。

端的に、その支配から抜け出すには、彼らの工作を可能とする源泉を抜くこと。つまり、在日米軍から「治外法権」を抜くことです。

ターニングポイントは、ヤマトごころの蘇り

前例はあります。１９９０年代のドイツです。ドイツが欧州で指導的役割を演

ずるようになったのも、米軍の治外法権をとって、真に独立を回復したからです。

またロシアでは、彼らがロシア民族を支配するために打ちたてたソ連共産主義体制を追い出し、本来のロシアに戻って、世界金融支配体制のテロ組織等を逐次壊滅しています。シリア情勢等もこの観点で見てください。

ドイツ、ロシアにできて日本にできないことはありません。なぜなら、ムーから縄文、そして「江戸システム」で世界唯一の「市民のパラダイス社会」を実現した「ヤマト・武士道の国・日本」だからです。

この文明を「滅びの道」から「永久の道」に切り替えるためにも、今こそ日本人の「ヤマトごころの復活」が待たれています。

それにはまず、在日米軍の「治外法権」の「廃棄」から……。

（2017年3月）

18 嗚呼、神風…トランプ旋風

メディアを使ったマインドコントロールを断ち切る

嗚呼、なんという神の計らいでしょうか。

2017年1月20日、トランプ大統領の就任です。

まさに、沈みゆく日本丸を最後の命綱一本で釣りあげてくれました……。といっても、完璧にメディア洗脳されている日本人には、この歴史的意義も奇跡も何のことかわかっていないと思われます。

それにしても、完璧なまでに日本のメディアは「反トランプ報道」一色です。

ここまで「報道統制」されると、日本社会が「彼ら」にメディアを使ってマインドコントロールされてきた実態にそろそろ気がついてもいいと思われるのですが……。

まず、結論的にサバイバル時代の今、つまりメディア洗脳下の現在日本で健康に生き延びるためのポイントをあげておきましょう。

❶「○○先生ご推選《すいせん》」の物は買わない
❷テレビ・新聞などで宣伝する物は買わない
❸第三機関の検証データがある物を買う
❹信頼のおける友人などが使ってみて、「いいよ」という物を買って使う
❺それぞれの分野でいい物などを教えてくれる友だちネットワークをつくる

TPP廃棄は世界金融支配体制切り崩しの第一歩

トランプ氏が大統領になってまず決定したのが、TPPからの永久撤退です。アメリカの撤退によりTPPは永久に葬り去られました。

ＴＰＰとは私企業が進出国の法律つまり主権をないがしろにして富を奪う、つまり究極の植民地支配を可能とする仕組みです。平たくいえば、戦争でもできない永久の経済的搾取体制を確立する、究極の「世界金融支配体制」を樹立するものです。だからこそ、政権復活前の自民党も「反ＴＰＰ」「反原発」と選挙でアピールしたのです。

政権に返り咲いての豹変は、世界金融支配体制下で、かれらの金融植民地・日本の「代官」として生き延びるためなのです。もちろん国民の健康と幸福は考慮外です。俗にいう1％の彼ら金持ちだけがより富を集め、99パーセントの大多数はさらに貧しく子孫も残せない究極の二極化、人口淘汰です。

トランプ大統領は、この現代地球の諸悪の根元である世界金融支配体制に敢然と戦いを挑んだ二人目の大統領といえます。一人目はＪ・Ｆ・ケネディで、彼はそのために彼らに暗殺されました。

トランプ氏も大富豪です。しかし、不動産王であり、まともにアメリカンドリームを体現した成功者です。彼の政権に抜擢された企業人も、石油・核・薬・兵器・農産物・金融などの世界金融支配体制下の企業群とはまったく違います。

「世界金融支配体制」への宣戦布告

なぜ、このような人物が大統領になれたのでしょうか。

それは、二つの要因が考えられます。キーワードは「目覚め」と「軍人」です。

目覚めとは、まともなアメリカ人の真実への目覚めです。アメリカは、国土も広大でメディアが日本のように「統一」されていません。通常ケーブルテレビを契約すれば数百の番組が見られます。これにインターネット網が発達しました。日本と違い、さまざまな「真実」を見て、自分で判断できます。

こういうメディア基盤の中で、「軍人」たちが目覚めたのです。

つまり、湾岸戦争からアフガン、イラク、シリアでの戦争の「真相」にです。

「独裁者の圧政から民衆を解放する」「世界の自由と平和のため」「アメリカの国益のため」正義心で戦地に赴き、多くの部下を失いました。机上論だけで現地に行かない官僚・政治家と、現場・戦場で命を賭ける軍人との違いです。しかも愛する部下の命の犠牲の上で任務を遂行する指揮官の精神的体験の重みです。

もちろん、正義のため、合衆国のためなら軍人としては名誉の戦死です。ところが、実態は世界金融支配体制の一部の者たちの石油などの利権のためでした。現地住民が反米となるのもこのためです。その原点である「9・11同時多発テロ」も、彼らのロボットの大統領が、国民＝議会の承認なく自由に戦争、つまり資源収奪に軍隊を使えるようにする枠組み設定のための、彼らの「自作自演テロ」であったこともわかりました。

それゆえ、「大量破壊兵器がある」とでっち上げて侵攻したイラク戦争後、イランへの侵攻命令に署名しようとした大統領の執務室に軍人が入り、署名を中止させたのです。

今回のトランプ政権に元軍人が多いのも、この理由です。つまり、世界金融支配体制の「駒」としての役割を止め、真の国軍としての米軍がトランプ大統領を支えているのです。

要は、目覚めた国民と軍人が、世界金融支配体制に戦いを始めた歴史的ターニングポイントが、２０１７年1月20日、つまりトランプ大統領誕生の日なのです。

ちなみに、人類が進化を遂げるための課題は、二つあるといわれています。「戦争」と「核（原発）」の克服です。戦争は、世界金融支配体制を無力化すればなくなります。原発は、国民の意思でなくせます。２０１７年1月11日台湾の国会が「脱原発法」を可決しました。２０２５年までに全原発を40年の使用期限終了にともない廃炉にして、再生エネルギーに転換すると決めたのです。

台湾は日本統治の面影が残り、今でも日本に感謝の心を伝えてくれます。ヤマトのこころが残っているのかも知れません。フクシマの真相を知り、アジアで初めて脱原発に切り替えてくれました。本来なら、世界に先駆けて日本が「脱原発」の手本を示すべきところではないでしょうか。

ヤマトごころの抹殺……葬り去った7700冊の本

私の手元に戦前出版された『思想戦と国際秘密結社』という本があります。戦後、日本からGHQが焚書坑儒した7700冊の、彼らに不都合な本の中の1冊です。これらの本には、米英など国家の奥に、国家を超えて世界を金融力で操る組織のことが鮮明に書かれています。私のいう「世界金融支配体制」です。この本の中で彼らはアメリカ大統領をも陰から操り、世界の富を奪って世界統一政府樹立を謀（たばか）ると指摘されています。

彼らは究極の「エゴ」の秘密結社といえます。

その彼らとまったく正反対の国家が、世界でもっとも歴史があり、民衆のための政治をしてきた国家・日本なのです。文献でわかっているだけでも、2677年の歴史があります。大陸からの渡来者によって歴史上封印された古代文献などを見れば、万年単位の文明の歴史を誇ります。

世界金融支配体制が確立してまだ200年も経っていません。しかも、先の大戦で、日本のお陰で、500年続いていた彼らの原点である白人による有色人種の植民地支配を、地上から一掃されてしまいました。

「和をもって貴し」こそ、エゴの彼らにとっては不倶戴天の国体精神なのです。古代からヤマトごころで国を創り、武士道を体現するサムライが市民のパラダイス社会を守り運営する日本から膨大な富・金を奪うために、さまざまな仕掛けをしてきました。

その国を滅ぼすには、

❶理想（神話）を亡くし、
❷歴史を分断し、
❸すべての価値をお金で判断する国民にする

まず、明治維新で志士と称するならずものを使って、太古からの日本の叡智の結晶である「江戸文庫」を焼き払いました。そして大正時代には、関東大震災で帝大（東大）の図書館が焼けたことを好機ととらえ、彼ら世界金融支配体制が、彼らにとって好都合な全文献を寄付しました。最後は、最初に述べたように、戦後GHQが7700冊の歴史・戦略文書などを日本社会から存在そのものを消し去りました。

日本民族抹殺……究極の「仕掛け」

日本人は、歴史上さまざまな侵攻を受けても、和をもって貴しの精神で、抱き参らせてさらに進化してきました。古くは、聖徳太子・天武天皇・役行者・空海などによる外来文化からの日本（やまと）の継続。近くは戦後の焼け野が原からの奇跡的復活。

それゆえ、彼らは日本民族抹殺の究極の「仕掛け」をおこなっています。

つまり、物理的に日本人のDNAを壊して、三代で子孫を断つのです。具体的には、食品添加物など化学物質・放射能・遺伝子組み換え食品・電磁波・子宮頸がん予防などワクチン……。しかもこれらで病気にしながら、薬代などで最後までお金を搾り取る。その薬さえも、もともとが毒ガス兵器だった抗がん剤に見られるように、対症療法でさらなる病気の原因となる……。

今や二人に一人が、がんにさせられて高額のお金を払いながら殺されている現実に、なんら不思議さも感じないようになっています。このままでは、我々の孫の世代で、日本人は永久に消えます。

もし、ＴＰＰが入り、このまま原発を続ける中で、南海トラフ大地震、関東直下型地震が起こったら……。

さあ、目覚めよ！　日本人……

さて、トランプ大統領就任が、日本起死回生の奇跡という意味がわかったでしょうか。また、日本のメディアが、反トランプ報道しかしない理由もわかったでしょうか。

人も国も同じです。自分の健康、幸せ、独立は自分で守るほか、誰も守ってはくれません。しかし、日本には世界の文明の目指すべき、「和をもって貴し」の中心軸と、それをこの国の誕生から体現された皇室があります。

トランプ大統領と呼応して、国内にはびこって国民の生血をすする世界金融支配体制のエゴ的因子を、自らの手で排除するときではないでしょうか。

それをも、「和をもって貴し」で抱き参らせて、改心させる太陽・天照《あまて》らすの御心が大切です。


（2017年4月）

19 「奪う・争う」を操る者たちからの独立 彼らが恐れるのは「ヤマトのこころ」

真実は現場情報にあり……

現場第一主義という言葉があります。さまざまな状況判断をするときに、現場に自ら立って実情を肌で感じ、確認することの大切さを説いた教訓です。これは、コミュニケーションで相手に与える印象を研究した「メラビアンの法則」と同じです。

メラビアンの法則とは、「話の内容（言語情報）よりも表情（視覚情報）や口調（聴覚情報）の方が強く影響する。その割合は、言語情報が7％、聴覚情報が38％、視覚情報が55％である、というものです。

まあ、見てくれ9割で判断されるということです。これは、限られた文字による左脳の知性だけでなく、無限の右脳の感性を使うことの大切さも教えてくれています。明治維新以前の日本の教育は、まさにこの右脳開発そのものでした。

さて、世の中には、これを逆手にとって、真実を隠すこともあります。3・11フクシマの原発の惨状隠しがこれに当たります。阪神淡路大震災で国家としての初動対処が遅れた反省のもと、日本では「現場」に「政府現地対策本部」を設置して「現地で判断」し、日本としての対処をおこなうことにしました。

その初めてのモデルケースが北海道の有珠山噴火災害で、伊達市に現地対策本部を噴火前から設置して、噴火後ただちに緊急避難などを政府として命じ、被災者0《ゼロ》の大成果を上げました。これ以降、日本の災害対処体制は完璧になった、と作戦幕僚として関わった私も自負していました。

ところが、3・11フクシマでは、ついに最後まで福島原発の近傍に政府現地対策本部は設置されませんでした。唯一国民に知らせる手段の「記者会見」は、遠く離れた東京でおこなわれました。本来なら福島で現場を確認しながら会見すべきでした。そうすれば、報道機関も現地に集中し、原発事故の本当の情報が流れ、この国のエネルギー政策、ひいては国のあり方も変わっていたかも知れません。そして、それを契機に、歪んだ現代文明が本来の共生文明に転換するターニングポイントになっていた可能性もあります……。

つまり、日本の現状、支配体制などが変わっては困る勢力が、メラビアン法則に基づき、言語情報だけで記者会見したわけです。私の知るところでは、当時現場で取材し、原発の実情を番組としてしっかり報道したのは、ドイツテレビの「福島の嘘」だけでした。もっとも日本では流されていませんが、ネットで見ることができました。今でも見られます。ぜひ、ご確認ください。

現地で感じたカナダとアメリカの違い

さて、2017年2月下旬に機会あってカナダのバンクーバーに行ってきました。2015年と2016年はアメリカに行っており、隣国であるアメリカとカナダの国情のあまりの違いに接し、正直ビックリしております。やはり現場に立って、初めて認識することができました。

一言でいうなれば、アメリカが「人工」「お金」「競争」社会だとすれば、カナダは「自然」「文化」「共生」の町でした。住んでいてどちらが癒されるか、あるいは移住したいか、いうまでもありません。現場で体験した具体例をお話しします。アメリカの空港の待合い場所などに置かれていた雑誌は、ポルノ紙が多かったです。一方カナダでは、自然や芸術などの文化的雑誌でした。横断歩道でも、アメリカでは車優先で危険を感じることが多々ありましたが、カナダでは信号のない交差点でも必ず最初の車から止まって歩行者優先でやさしく横断させてくれました。

また、これらを含んで現地で思ったことは、「アメリカはまさに3S政策（Screen＝映画、Sex＝性産業、Sports＝スポーツの三つのSを用いて、大衆の関心が政治に向かわないようにするという政策）で大衆を愚民化して一部の者たちだけが繁栄するエゴ的社会になっている。その一方でカナダは、自然と共生のおもいやり社会へと成熟している」という、歴然とした雰囲気の違いでした。

その結果として、同じ移民国家でありながら、アメリカでは人種間闘争が後を断ちません。その典型が黒人問題です。その黒人が選挙権を得て奴隷の身分から人権を獲得できたのが、先の東京オリンピックのとき の1964年です。それまでは、白人こそが人間つまりアメリカ人と認められていたわけです。本来の住民であったネイティブ・アメリカ人にいたっては、1974年に初めて選挙権が取得できたのです。

アメリカは「人種のるつぼ」といいながら、実際は一部の白人資産家が彼らの利権で国を都合よく動かしてきている、と見ることもできます。

その一方で、カナダは移民国家として、各民族が「共生」しています。シリア難民も10万人受け入れていますが、バンクーバー郊外にモスクも建てて、同じカナダ人として違和感なく生活しています。かつてヤマト時代に、聖徳太子が肌の色の違う民族の代表の官僚たちに「和をもって貴し」と諭し、国造りの根本とした教訓が、時《とき》と場所を超えて活かされているといえます。

それは、人情と自然美溢れた市民のパラダイスだった本来の江戸社会を近代化させたもので、失われつつある本来の日本の共生社会がカナダで蘇っているとさえ思ったほどでした。

アメリカ独立戦争の真実はどこに……

考えてみれば、カナダもアメリカも同じ西欧人の移民国家です。しかも、ともに宗主国であったイギリスから独立しています。なのに、この違いはどこから来るのでしょうか。

それは、独立「戦争」の有無に求めることができます。カナダも豪国もニュージーランドなどもイギリスから平和裡に独立し、元首は今でもイギリス女王です。

一方、アメリカだけが独立戦争を起こして、自ら立てた大統領を元首としています。

アメリカの国是は、欧州の旧弊を脱し、「自由」の理想国家にすることです。

しかしながら建国以来約230年の歴史は、先住民族であるアメリカ・インディアンの虐殺から始まり、日本への原発投下、イラクへの石油収奪戦争まで、僅か17年を除いて、その歴史のほとんどが自己の利益のための対外侵略戦争の国史といっても過言ではありません。さすがにイラク戦争などでは、同盟国のカナダさえ派兵を断っています。

そのイラク侵攻の理由とした大量破壊兵器の存在は、「でっちあげ」だったことがわかり、インターネット時代を反映して、一部の石油と兵器などの利権者のための戦争だったことが暴かれてしまいました。この「真実」に目覚めた良心あるアメリカ市民と軍人が立ち上がって、トランプ政権誕生となったわけです。

つまり、独立戦争から一部の利権者、端的にいえば「世界金融支配体制者」が、自分たちの都合のいい体制である「ワンワールド」を建設するために、アメリカという軍事国家を乗っ取り、利用して、世界を支配しようとしてきたのが、現代史の真実であったということです。

この観点から見れば、明治維新は世界金融支配体制が、世界で最も豊かな江戸市民国家を奪うために、薩長の異端児を使った日本乗っ取りであり、フランス革命・ロシア革命も欧州で最も豊かな王朝から国家と財産を奪うものであった、と見ることもできます。

人類の二つの課題

さて、人類が進化して次なる高次文明に脱皮するには、二つの課題があるといわれています。「戦争」と「核（原発）」の克服です。

アメリカの歴史を見るまでもなく、一部のモノのためのエゴ的戦争は、勝利が次なる対立と紛争を生み、無限地獄へと人類を落とし込めることがもはや歴然としてきました。

日本の明治維新の戊辰戦争さえ、今では全くの無駄であり、単に薩長の異端児が「統帥権」という国民支配を確立するために、つまり天皇陛下を利用するために起こしたといっても過言ではありません。日本本来の「和をもって貴し」の国造りを続けていれば、世界をリードする「自然とあらゆる民族を融合した日の本」として、世界の現代史も変わったものになっていたかも知れません。

目覚めよ、ヤマトのこころ

毎秒200キロメートルで未知の宇宙を進む太陽系が、1万3千年ぶりに銀河系のプラズマエネルギー帯に入った今、戦争と核・原発を克服することのみが、人類が未来永劫存続し、かつ次なる高次文明を築く唯一の道です。

これまでの現代史である、世界金融支配体制がその武力などで世界制覇を目指してきた過去の歴史は変えることはできません。まさに、覆水盆に返らず。

しかし、人類の意識さえ変われば、これからの地球文明はいかようにも変えることができます。

そうです。一人一人が何のために生まれ今生きているかの歴史的役割に目覚めて、意識を覚醒させれば、その人類の集合意識の力で、未来は拓けます。

まさに、ヤマトのこころの復活です。

その原点の日本人の目覚めを、覚醒したカナダ・ドイツ・ロシア・アメリカなどの人々が待っています。

目覚めよ！　ヤマトのこころ……。


（２０１７年５月）

北朝鮮弾道ミサイルの真相を「第三の目」で解く

20

9・11というマッチポンプ

日本語は、その語彙の豊富さと情報伝達能力で世界最高の言語と思われます。言霊としての命を持ち、諺だけで教訓として意味が通じます。

その中で、「マッチポンプ」という外来語由来の言葉があります。「自分でマッチで火をつけておきながら、火が大きくなるとポンプで水をかけて消す」という意味です。要するに、自ら仕掛けて事件を追及し、他方では収拾を持ち掛けて金品などを受け取るやり方のことです。つまり、「自作自演」のことです。

その好例が、9・11同時多発テロです。ハイジャック事件と見せかけて自ら世界貿易ビルを特殊爆薬で破壊し、アルカイダのテロとでっちあげ、その撲滅名目でイラクなどに軍事侵攻し、石油などを奪いました。

その真の目的は、「国民（議会）の承認なく」自由に米軍を使って戦争できる、つまり「他国（世界）の資源収奪などが自由にできる体制」にすることでした。

そのしっぺ返しが、トランプ大統領の誕生なのです。つまり、イラクなどの現場で「収奪の真実」を知った軍人たちの「世界金融支配体制」への「クーデター」なのです。現在の世界情勢のポイントは、このトランプ革命が成功するかどうかなのです。

要するに、今このときは、宇宙の摂理に外れた現代文明が、自ら滅びの道から永久の道へ復元できるかどうかの「ターニングポイント」なのです。

「狼と少年」から北朝鮮ミサイル問題を学ぶ

さらに、「狼と少年」というイソップ逸話があります。羊飼いの少年が、狼が来たという嘘を触れ回って、村人が大慌てするのを楽しむというういたずらをしていたところ、次第に彼のいうことを誰も信用しなくなり、ある日、本当に狼が襲来してそれを知らせるも、誰にも信用されず、少年の羊は、狼にみんな食べられてしまいました、という話です。この話は、正直な生き方をしなさいという教訓とともに、嘘偽りを喧伝して暮らしていればいつか罰を受けるという話です。

さらにこれは、繰り返される「仕掛け」に、もうそろそろ気がつきなさい、という警句として私には映ります。

その「仕掛け」とは、北朝鮮による度重なる弾道ミサイル発射事案です。結論からいえば、彼ら世界金融支配体制が、金のなる木である日本から未来永劫、日本人が額に汗して働いたお金を奪うための仕掛け、ということです。

さらにわかったことは、お金を奪うのみならず、化学物質・放射能・遺伝子組み換え食品・ワクチンなどで日本人のDNAを破壊しながら、年を重ねるごとに日本民族を抹殺化しているという驚愕の事実です。

今や日本人の二人に一人が、がんで死んでいきます。しかも抗がん剤治療など、彼らの支配する西欧医学に莫大な治療費をもっていかれ、かえって死を早めながら……。化学物質などが生活に使われ出したのは、すべて戦後のこと、僅か60年足らずの話です。

つまり、彼らの「仕掛け」ということが、いつからどういう経緯で導入されたか調べるだけでわかることなのです。もっとも、彼らの最大の洗脳手段であるテレビや新聞情報、政府や官僚発表だけで判断する愚を犯してはならないことはいうまでもありません。

三つの視点を持つ

物事を判断するには、三つの視点が必要です。要するに、相対する「敵」と「我」、そして最も重要となる鳥瞰図《ちょうかんず》（＝高いところから斜めに見下ろしたように描いた図）的な「第三の目」です。これは、歴史や文明など、できうる限り深い叡智の総合的視点ともいえます。

日本国民などを洗脳し、マッチポンプで儲けるためには、都合のいい「我」の視点だけをメディア情報として流すわけです。北朝鮮ミサイル問題では、北朝鮮のミサイル発射だけを抽出して報道し、さも狂った指導者のトンデモ悪行と、国民にイメージ化させればいいのです。

憲法を含むＧＨＱの戦後占領施策で、軍事が悪いとされ、しかも自衛力さえも否定された体制の中で、頼るのは米軍しかないと洗脳された日本人に、ボランティア精神で日本を守ってくれている米軍に「もっと思いやり予算を」となって、莫大な税金が無償で海を渡っていくわけです。

では、北朝鮮ミサイル問題を「敵」の視点で見てみましょう。

ここで、北朝鮮と韓国は「休戦」状態であり、国際法上はいまだ戦争状態にあることを前提としてしっかり認識しておく必要があります。

そういう緊迫した情勢の中で、北朝鮮の眼前である国境線の間近で約30万人に及ぶ精鋭の米韓軍が３月から２ヵ月間の長期にわたり実動軍事演習を毎年おこなっています。ちなみに30万という人数は、全陸上自衛隊の２倍にも及ぶ兵力です。

古今東西、まず演習で動員し、そのまま実際の軍事侵攻に繋げることは、世界の軍事常識です。しかも今年は最精鋭の特殊部隊による「金主席斬首作戦」も主要演習項目に入っています。潜入して金正恩主席を暗殺するというものです。

世界から孤立している金正恩にとって、まさに恐怖の演習ではないでしょうか。演習の始まる前から米韓に中止するよう呼びかけてもいます。ミサイル発射は、まさにこの演習への「抗議」といえます。

考えようによれば、ルーズベルト大統領の狡猾かつ陰湿な「仕掛け」の「マッカラム対日8箇条策」で真珠湾攻撃をさせられた日本海軍首脳の追いつめられた窮鼠猫を噛む位置と金正恩主席の立場が同じといえます。

「第三の目」で真相を見る

この相対する敵と我の視点を基礎に、さらに鳥瞰図的な「第三の目」で見てみましょう。

まずここで、戦争や基地など駐留もすべて「事業」であることを知る必要があります。砂漠に1万人の基地をつくって生活させるには、年間数千億の経費がかかります。建物・水／食糧・燃料・医療品・衣糧品・武器弾薬・厚生施設・輸送・電気などなど。在日米軍駐留、米韓実動演習もいったい毎年どれだけの「利益」になるのでしょうか。これらはすべてベクテル社など彼らの大企業群にお金が集まるシステムなのです。

わかりやすい最近の実例では、IS・イスラム国への最大の出資企業がフランスのセメント会社だったことです。戦争で街を破壊し、戦後復興に使われる膨大なセメント……砂漠の上に建てる街はまさにコンクリートの塊……まさにマッチポンプです。

ノドン1号が日本海に発射されたのは1993年5月でした。

このとき、作戦幕僚だった私は、日本海に展開した米空母・キティーホークに横田から米軍艦載機で現地確認に行きました。この「国難」に対処するには、アメリカに協力して対弾道弾ミサイル防衛をつくり上げるしかないと判断しました。

要は、「お金」と世界最高の「ものづくり」国家・日本の技術の提供です。

その後、春になるごとに北朝鮮ミサイルの発射が繰り返され、北朝鮮の脅威が紙上をにぎわし、国民の知らないところで、紙くずとなるアメリカ債が買い取られていく。つまり国民生活を潤すはずの税金が海を渡っていくのです。

今年で24回目となりました。「狼と少年」ではありませんが、もう気がついてもいいのではないでしょうか。

米韓軍事演習を大々的に北朝鮮の眼前でおこない、恐怖にかられた金主席にミサイルを撃たせる。そのミサイル脅威を元手に日本国民からお金を搾り取る……。

実は、日本人の知らないところで、横田から米軍輸送機が平壌に飛んでいます。横田・厚木上空は、「治外法権」つき駐留米軍の空域であり、米軍は自由に往来できるのです。その輸送機には日本製のブルドーザーが入っていたこともあります。第三の目で見れば、世界金融支配体制の軍事部門が、北朝鮮に基地をつくってやり、さらに精密部品を提供してミサイルをつくらせて発射させ、その脅しで日本から資金を収奪する、という構図が見えてくるのです。

私たち現代日本人の使命

「一を聞いて十を知る」という諺も日本にはあります。論語の「一を以て万《ばん》を知る」からきていますが、物事の一部を聞いただけで全部を理解できる、賢明で察しのいいことの例えです。

自然の音を情報として聞き取れる世界唯一の脳を持つ日本人。そろそろ北朝鮮ミサイル問題から目覚めて、化学物質・放射能・遺伝子組み換え食品・ワクチンなどなどあらゆる分野で、日本人を抹殺化しながらお金を収奪される「仕掛け」に気がついてもいいのではないでしょうか。

そして、その本来の自然・宇宙そしてあらゆる人々と共生する生き様を世界に先がけて体現したいものです。それが、文明の転換点に生まれた我々現代日本人の使命と私には思えます。

（2017年6月）

21 すべての判断基準を「命」に

喉元過ぎれば熱さを忘れる

2018年3月14日午後5時、福井県おおい町の大飯原発3号機が再稼働しました。僅か14キロメートルしか離れていない同県高浜町の高浜3号機と4号機は2017年から再稼働しており、近接した複数の原発が同時に稼働するのは、フクシマ原発事故があった2011年以来初めてのことです。原発の新規制基準下での再稼働は、これで4原発6基目。フクシマの事故後、国内の全原発が停止する中、当時の民主党政権が定めた暫定基準によっていったん再稼働し、その後停止していた大飯原発3号機の運転は4年半ぶりです。関西電力は、わざとらしく2018年夏にも「電気料金の値下げ」を実施するとしています。

その国を亡ぼすには、その民族の「神話（理想）」を消し、「歴史」を断ち、すべての判断基準を「お金」にする。これは、戦後日本を植民地支配してきた世界金融支配体制の異民族支配の「鉄則」です。そのように洗脳支配された国では、「今だけ・自分だけ・お金だけ」の典型的なエゴ社会となり、自滅の道を進みます。

そのシンボルが、世界唯一の地震列島にある54基の原発です。しかも、日本丸が、フクシマという滅びの道から永久の道に舵を切るための、災い転じて福とすべき日本史上最大の人災を教訓とせず、今回のように再稼働させることは、いまだ滅びの道をまっしぐらに突き進んでいることの象徴といえます。

金日成二つの作戦

実は、高浜原発には思い入れがあります。1993年5月、北朝鮮は皇太子殿下の結婚祝賀に湧く日本に向けてノドン1号を発射しました。弾頭は、能登半島沖に落ち、一気に「第一次北朝鮮危機」となりました。このとき、私は警察から「北朝鮮問題プロジェクト」の勉強会を依頼され、現地研究の一環として高浜原発に行ったのです。実はこの時期、日本にとって未曾有の危機だったのです。では、どんな危機だったのでしょうか？

戦後、日本の教育現場から「軍事学」がタブーとなり、戦略的思考が日本人の頭から消されました。そして、お金だけの判断基準にして、コントロールしやすくしたのです。そこで、北朝鮮危機を戦略的思考で説明します。

簡単にいえば、鳥瞰図的観点で物事を見ることです。

まず、北朝鮮と韓国はいまだ休戦という戦争状態にあるということです。ただし、正確にいえば「北朝鮮」と「朝鮮国連軍／実態は米軍」との戦争です。

さらに過去に遡ります。１９５０年から53年の朝鮮戦争で、北朝鮮は武力統一を図り韓国に侵攻しました。しかし、米軍の圧倒的な兵站《へいたん》（＝戦闘部隊の後方で、人員・兵器・食糧などの前送・補給などにあたる）力に、その意図を挫かれました。戦争は、大きくなるほど兵站支援、つまり「物流戦」で決まります。朝鮮半島の米軍は、「日本という不沈空母の膨大な兵站基盤」のお蔭で韓国を守り切ることができたのです。では、次に武力統一を図るとき、北朝鮮はこの教訓をどのように生かすでしょう？

日本を兵站基地として使えないようにすればいいのです。

その手段として金日成が考えた作戦は二つ。一つは、オウムを使ったサリン攻撃で関東の中心を擾乱し、これに連携して漁船に分乗した特殊部隊が日本海から分散上陸、日本の中枢を破壊する。

二つ目は、隠密に潜入した特殊部隊に、若狭湾の原発を破壊させ、死の灰で列島を兵站基地として使えなくする。

戦略的思考からつくられたシナリオ

若狭湾には、14基の原発が集中しています。もし、1基でも北朝鮮コマンドに破壊されたら、日本は終わりです。普通の国なら普段から軍が守ってもおかしくありませんが、有事法制のなかった当時は、事態が起こって県知事などからの要請があるか、または首相の命令があるまで自衛隊は対処できません。

いずれにせよ、第一義的には、つまり自衛隊が応援に来るまでは、22口径ピストルの警察官が、プロ中のプロの北朝鮮コマンドに対処しなくてはなりません。ハッキリいって、赤子の手をひねるように殺されるでしょう。いずれにせよ、「シナリオ」をつくり、高浜原発に現地研究に行ったのです。

因みに、そのシナリオを警察から入手した麻生幾氏が、『宣戦布告』という小説にし、さらに映画化されました。法的準拠がなくて発砲できない自衛官が狙撃ちされるリアルなシーンはセンセーショナルで、戦後日本でタブーとされた軍事的討論、特に有事法制論議解禁のきっかけとなりました。

実際に、高浜原発の保安基準なども確認するとともに、原発の「実態」をつぶさに見て、地震列島日本になぜこのような地獄の窯を海の原潜から引き揚げて置いてきたのか、唖然としました。詳しくは、『マインドコントロール2』や『原発と陰謀』など拙著をご確認ください。また、そのシナリオは、わたしの公式HPのサイト内検索『あれから7年……日本人は目覚めたか』でご笑覧ください。

宝の眠る国「日本」

今、世界が「永久の道」へ切り替えていく中で、なぜか日本だけは相変わらず「滅びの道」をまっしぐらに進んでいます。

このままでは、ＤＮＡが壊されて三代で子孫がいなくなります。

その原因が、薬など石油化学物質・放射能・遺伝子組み換え食品・電磁波・ワクチンなど予防接種などなどの「人工汚染物質」です。これらは、特に戦後につくられたものです。二人に一人が、がんになっている原因は、これらを体内に取り込んでいるからです。最近急増している脳と心臓の血管に起因する突然死も、これらと、本来の「栄養不足」が原因です。詳しくは、後ほど述べます。

日本は、アメリカの後追いをしているといわれていますが、実は１９９０年ごろからそのアメリカでもがん患者は減少に転じました。何がアメリカを変えたのでしょうか。それは、ズバリ「口養生」です。日本食が変えたのです。その転換点となったのが、「マクガバンレポート」です。

当時のフォード大統領は、あるとき疑問を持ちました。

「アメリカは医学が進歩している国であり、医療に莫大なお金をかけている。にも拘らず、こんなにがんや心臓病、生活習慣病、糖尿病が増加の一途を辿っているのはなぜだろう？　何かが間違っているのではないか？」

そして大統領は特別委員会を設置し、あらゆる分野の専門家を集結し、国家的な調査プロジェクトを始動させたのです。その委員会の委員長がマクガバン上院議員でした。

その結論が病気の原因は「食源病」であり、「江戸時代の日本食」が理想の食事としたのです。これ以降、日本食がヘルシーフードとして定着したのです。

そしてカロリー計算の栄養学から、今では7種の栄養素の栄養学に進化しました。タンパク質・糖質・脂質・ビタミン・ミネラル・食物繊維・ファイトケミカルの7種です。この中で、人間の体内でつくれないものを十分に毎日摂ることが強調されました。

つまり、60兆の細胞の原材料となる「必須アミノ酸」「ビタミン」「ミネラル」「食物繊維」そして「ファイトケミカル」です。50年前の野菜に比べ、化学肥料など慣行農業では微生物が激減し、現在の野菜は栄養価が十分の一程度です。

これらをすべてしっかり摂るには、天然由来の「サプリメント」が必須とされました。いわゆる「健康補助食品」です。日本の巷に溢れている「健康食品」とは違います。しっかりと不足栄養素があるもの、たとえば必須アミノ酸なら植物由来の「プロテインスコア100」のもので、世界基準で認定されたものです。

さらに口養生は、身体に摂り込む十分な安全でミネラルが適度でおいしい「水」、つまり、本来の日本の「水」。そして汚染されてない「空気」が健康のために大切です。

判断基準は「命」に

ところで、世界が日本食で口養生し変わりつつある中で、なぜか先進諸国の中で日本だけがその流れに逆らって、「マクガバンレポート」の勧告を無視しているのです。

日本では、口養生と真反対の、戦後の化学物質・放射能・遺伝子組み換え食品などなど「人工悪」が、水・空気・食品の中で増加の一途です。冒頭の原発再稼働は、その典型です。今や都内でも、フクシマの影響で、水、空気の放射能汚染は無視できないレベルで、増加のうえ、しかも原発村は再稼働まっしぐらです。

もう保守とリベラルが政争を繰り返すときではないと思います。未来永劫、地球との一体感のもと、ともに生きていくためには、市民生活の中から、ＤＮＡを壊すこれらの「人工悪」をなくする政治、社会に再構築するときではないでしょうか。

そうです。判断基準は、お金から「命」に……。そして、微生物から植物・動物・人類、地球、宇宙とともに共生し、利他愛で生きる社会。

未来永劫続く永久の道へ。

（２０１８年６月）

22 宇宙文明の燭光《ともしび》

いまだ宇宙の真実が流れない日本

今、地球の回りがとても賑やかになっています。大量の未確認飛行物体、いわゆるＵＦＯが確認されているのです。今や、プーチン大統領やトランプ大統領の日常会話にもＵＦＯが当然のように出ているのです。逆に、地球外知的生命体の存在が、同じ人間同士の東西冷戦など緊張対立状態を緩和したともいえます。

ところが、日本の新聞やテレビなどメディア界では、その手の娯楽番組以外、いまだ一切ＵＦＯが真面目に流されません。逆に、おちゃらけ番組で取り上げて、ＵＦＯ問題そのものを「トンデモ」ものと、国民に洗脳しているわけです。

要は日本では、為政者たちに都合の悪い情報は流さない。「メディア洗脳」体制が、世界でもっとも強固だからです。

つまり、柵の中の羊が目覚めて逃げないように、真実を流さないわけです。

たとえば、某大企業のパンは、健康上の理由から同社の社員は口にしませんが、大々的なPRのもと、国民にはどんどん売られています。アメリカ食品医薬品局（FDA）が動脈硬化や心臓病のリスクを高めることから、「狂った脂肪」として2018年6月以降トランス脂肪酸の食品への利用を禁止しましたが、同社のパンには他の発がん性化学添加物ともども、いまだ使われているからです。

これは氷山の一角で、抗がん剤やワクチン接種・遺伝子組み換え食品・農薬・原子力発電所・リニアモーターカーなど、世界が使用をやめたものを、日本だけが相変わらず、安全とばかりに使っています。他人を不幸にしながら、自分だけお金儲けする会社や社会が永続するとは思えません。

こういう情報統制社会の日本で、宇宙の最新の真実情報である「UFO」の存在など話したら、ごく一部の情報通以外、日本では「トンデモ」人間にされてしまいます。間違っても「まともな」番組には呼ばれません。

しかし、世界では、今や「常識」になっているのです。

太陽天文台謎の封鎖の理由

さて、2018年9月6日、アメリカ・ニューメキシコ州にある国立太陽天文台がFBIによって緊急閉鎖されました。職員たちは、皆避難させられ近隣地域の人々も避難させられるという異常事態が起りました。その直後、オーストラリアの太陽天文台も封鎖され、ついに世界中の太陽天文台が封鎖されました。

つまり、「太陽を見るな!」ということなのです。

ただし、ネットでは確認できます。そこでは、膨大な規模の「UFO」が太陽の周辺に確認できるのです。しかも惑星級の球体も確認されています。世界金融支配体制は、これまで被支配者が目覚めないように、「孤立した地球」をイメージさせるために、NASA(アメリカ航空宇宙局)を通じて、UFOや地球外知的生命体の存在を「ない」ものと、修正した洗脳宇宙情報を出してきました。

すべての宇宙情報はNASAが出す嘘の情報であり、マインドコントロールしてきたわけです。

ところが、今回はそのNASAの欺情報システムの能力をはるかに超える事態が起こったのです。だから、物理的に「真実」が見えないように、全地球の太陽天文台を封鎖したわけです。

このままでは、人類を支配してきたとんでもない世界金融支配体制が地球システムを破壊しかねないので、ついに「地球外高度知的生命体」が「表に出てきた」のかも知れません。

ロズウェル事件の真相

実は、過去にもUFOに関することが、やはりアメリカ・ニューメキシコ州で起こっていたのです。

ときは、1947年7月2日。ニューメキシコ州のロズウェルにUFOが墜落しました。回収したアメリカ政府はその高度な科学力に驚嘆するとともに、国家機密として独占することにしました。そのためにこの時設立されたのが、統制機関のＮＳＡ（アメリカ国家安全保障局）であり、その実行機関のＣＩＡ（アメリカ中央情報局）であり、宇宙欺情報担当のＮＡＳＡなのです。

では、なぜロズウェルにＵＦＯが墜落したのでしょうか。実は、近くに米軍の核実験場があり、広島・長崎の原爆もここでつくられたのです。つまり、広島・長崎原爆をつくる前に、人類史上初めて核実験爆発をおこなった場所なのです。

すると、これを監視するために頻繁にＵＦＯが飛来してきたのです。軍の秘密基地ですから対空砲火を周辺に実配備しています。この対空火器のレーダー照射がＵＦＯの航法装置に異常をもたらせて墜落したのです。

墜落したＵＦＯから地球にない超高度の技術が盗めるとわかった彼らは、積極的にＵＦＯにレーダー照射をするようになりました。地球人的思考ならば、「自己防衛」のため、反撃してもおかしくありません。ただし、もし彼らが本格的に反撃していれば、今の人類はいなくなって地上は砂漠になっていたでしょう。

愛のＵＦＯとエゴの世界金融支配体制

実は、地球圏を超えると宇宙は愛の波動の世界なのです。最近では太陽や金星から最高の愛・癒しの528ヘルツの周波数が地球に届いていることもわかっています。

つまり、地球外高度知的生命体は、愛の存在なのです。

落とそうとするアメリカ人に、彼らは「落とさなくていいよ。これで技術を学びなさい」と、無傷のＵＦＯをプレゼントしました。それを秘密基地「エリア51」で分解・分析つまりリバースエンジニアリングで技術習得したのです。たとえば、光ファイバーやＰＣ技術です。私が現役作戦幕僚時代に、ノドン1号対処中の米空母キティーホークで体験した一見水晶玉に見える索敵装置も、ここから学んだものなのです。

残念なのは、エゴの世界金融支配者たちが、これら超高度技術を独占使用して彼らの私腹を肥やしてきたことです。

特に、ＵＦＯの飛行原理である空間から自由にエネルギーを取り出す技術が公開されたら、火力発電所も原子力発電所も、電線も鉄道も高速道路もいらなくなり、世界がまさにパラダイス社会に変わります。

そして、石化燃料の独占支配で成り立ってきた彼ら特権階級は自然消滅します。それゆえ、エゴの権現の彼らは、大統領も許可なしには見ることのできない「超国家機密」として、ＣＩＡなどを使い厳重に秘密を守ってきたのです。

人類絶滅に繋がるパンドラの箱

さて、なぜロズウェルにＵＦＯが来たのでしょうか。

実は、「核分裂」と「ＤＮＡ操作」だけは、宇宙の摂理に反し、絶対におこなってはならなかったものなのです。間違いなく、人類という種の絶滅につながることになるパンドラの箱なのです。特に、核分裂は宇宙システムに影響を与えるらしいのです。それゆえ、宇宙空間に打ち上げたアメリカのＩＣＢＭ（大陸間弾道ミサイル）がＵＦＯのレーザー光線で落とされ、回収して調べると、半減期24万年で鉛になる核弾頭のプルトニウムが、既に鉛に変えられていたのです。

また、実配備のＩＣＢＭがＵＦＯの飛来時に「故障」し発射できない状態になることも『ディスクロージャー』（ナチュラルスピリット社）で、当該軍人が証言しています。

宇宙文明の魁としての日本

今、地球号は瀕死の状態です。身近なところでは、フクシマ原発からメルトダウンした約８３０トンの使用済み核燃料から約８０００トンの高濃度放射能水蒸気と80億ベクレルの汚染水が毎日流れて地球環境を汚染しています。チェルノブイリ原発も石棺などで封鎖しているだけで、核燃料の処理は５００年経たないと開始できない状態です。大地殻変動期を迎え南海トラフ地震などが起これば浜岡原発などはどうなるのでしょうか。

最悪の事態に備えて、使える「魂（霊体）」を救いあげるために、高次元のUFOが待機している、と私のもとには情報がきています。

しかし、日本には未来への燭光が灯ってきました。気づき、意識を高めた若者たちが都会を去り、自然の田舎で自然農をはじめ、永続可能なコミュニティーを創り始めました。5000年前の金星と同じです。5000年後の今、その進化した彼らが、UFOで見守ってくれているのです。

必ずくる天変地異も、自立コミュニティーはサバイバルできます。お金のいらないおもてなしの自活社会だからです。生き残った彼らが、コミュニティーをネット状につないで新たな地球文明を構築していき、やがて宇宙文明社会に仲間入りすることでしょう。エゴからガイア意識へ、「すべては一つ」の心を基礎に。

まさに、宇宙文明の燭光です。

そして問題は、あなたは「永久の道」と「滅びの道」どちらを、「今」選択しますか？


（2019年1月）

23 ２０１８年を一言でいえば……日本独立への燭光《ともしび》の年

戦後日本は、二度と西欧世界金融支配体制に逆らえないように、米軍を使った被植民地体制を強いられてきました。

特に、朝鮮戦争以降は、朝鮮半島で戦う国連軍＝米軍を支援する「兵站基地」としての「役割」が固定されてきました。その制約下での自由で、「豚は太らせて食べる」の諺どおり、金融収奪されてきました。その戦後体制に終わりを告げ、真の自由になる燭光が、朝鮮半島の南北和解、その象徴の北朝鮮の非核化、そして米軍の役割の終焉・撤退なのです。２０１８年はその意味で、真の独立への歴史的ターニングポイントだったといえます。

「北朝鮮の非核化」への推進力

まず、史上初の米朝会談がおこなわれた激動の2018年を簡単におさらいしておきましょう。2018年4月27日、北朝鮮の指導者、金正恩主席が史上初めて軍事境界線の韓国側に入り、南北首脳会談が開かれました。会談では、南北和解の条件とされる「朝鮮半島完全非核化」宣言もおこなわれました。

軍事境界線は、朝鮮戦争の戦闘状態を停止した線です。つまり「休戦条約」しか結ばれておらず、国家間の「平和条約」が締結されて初めて戦争状態が終焉し、国境線となります。この朝鮮戦争の「主役」は、「北朝鮮軍」と国連軍という名目ながら実体の「アメリカ軍」です。ということは、朝鮮半島を戦争状態から通常の平和体制にするには、金正恩主席とトランプ大統領との「合意」が必要となります。南北首脳会談は、米朝首脳会談の「予備協議」といえます。

そして、2018年6月12日、シンガポールで史上初の米朝首脳会談がおこなわれました。その後は、戦争状態の終結宣言、つまり「平和条約」の早期締結を目指す北朝鮮と、非核化の具体的行動を求めるアメリカとのさまざまな「交渉」がおこなわれています。

非核化交渉の停滞が懸念される中、2018年9月9日におこなわれた北朝鮮建国70年記念軍事パレードでは、米本土を狙えるICBM（大陸間弾道ミサイル）を含め弾道ミサイルを一切登場させませんでした。これに対してトランプ大統領は、7日の金主席からの再会談を要請する書簡に応える意味を含めて「ありがとう、金委員長。二人の対話に勝るものはない」と、ツイッターで称賛しました。

さらに、2018年9月18日から3日間、韓国大統領の文在寅氏が平壌を訪問して3回目の南北首脳会談をおこない、「9月平壌共同宣言」を発表しました。

その後、文大統領はソウルで会見し、「今回の会談の重要な特徴は、非核化が議題に入っていることだ」と強調。さらに文氏は、正恩氏との今回の会談やトランプ米大統領との会談を通じて、行き詰まり状態になっている米朝の非核化協議の再開を促す「仲介役」を目指すと説明しました。

ただし、アメリカは北朝鮮に核兵器や核施設などのリストや、非核化を進める行程表の提出を求める一方、北朝鮮は朝鮮戦争の終戦宣言を先にするべきだと反発しているといわれています。この3日間の対談の中で、金主席が「非核化を早期に実現して、経済復興に向かいたい」と発言していること、特に「2021年までに非核化する」と期限を明示したことも、注目されます。

「南北共同連絡事務所」の開設が非核化を推進

さらに特筆すべきことは、9月14日に「南北共同連絡事務所」が開設されたことです。

これまで南北間では、軍事境界線にある板門店の事務所からファックスなどを利用して連絡を取り合っていました。今回北朝鮮南西部の開城に連絡事務所を開設したことにより、24時間体制で南北が協議、連絡する体制が整い、関係進展が期待されています。

場所の細部は、2016年2月に操業を中止した南北協力事業の開城工業団地内で、地上4階建ての施設の2階に韓国、4階に北朝鮮の所長室や事務室が入り、3階には会談場を設置、韓国政府職員らの宿舎も別の施設に設けられ、ジムや洗濯室も備えられています。

韓国からは、各省庁から集めた職員ら約30人が午前9時〜午後5時まで通常業務をおこないます。月曜日に韓国から出勤し、金曜日に韓国に戻ります。週末には、当直職員を配置し、常時、北朝鮮側と連絡が取れる態勢となりました。

事務所長には、韓国統一省の千海成次官が就任。週一回は北朝鮮側の事務所長と定例会議がおこなわれます。職員は、当局間協議や連絡のほか、南北交流の支援を手掛けることになります。

常勤の共同事務室を置くことで、南北和解は進むことはあっても、もう後戻りはないでしょう。同じ「場所」と「時間」を共有することの「場」の力は、私自身、有珠山噴火災害派遣時の伊達政府現地対策本部での活動で、「一体感に基づく共同力」を実感しました。

そして、それが「北朝鮮の非核化」への推進力となっていくことでしょう。

はっきりいって、トランプ大統領、金主席、文大統領の間では、非核化、戦争終結は「既定路線」だと思います。通常、当事国の代表3人が合意すれば、ことは一気に進むはずです。

ところが、世界情勢はそうなりません。アメリカ大統領をもってしても、思いどおりにことを進められない「要因」があることは、アメリカ内の混迷を見ればわかると思います。

トランプ大統領の真の敵は世界金融支配体制

その要因とは、国家の奥で国家を使いながらお金儲けをする軍産複合体など「世界金融支配体制」の存在です。戦争は巨大な事業です。共産主義国家など人為的国家をつくり、その国家をさまざまな仕掛けで敵対して戦わせ、武器弾薬・燃料・食料・施設などあらゆる「商品」で、双方から、お金を搾り盗るのです。

アメリカで、この軍産複合体（世界金融支配体制）の存在に最初に警鐘をならしたのは、アイゼンハワー大統領で、1960年の辞任演説の時でした。その4年後に、現役大統領として国民にその存在を明らかにしようとして殺されたのがケネディ大統領でした。これ以降に発生する、アメリカの対「悪の枢軸国」戦争、対テロ戦争は、かれらの金儲け・我欲のための戦争でした。

実は、その支配体制に気づいた軍人をバックアップに、この支配体制を終わらせようとしているのがトランプ大統領であり、プーチン大統領なのです。つまり、トランプ大統領の真の敵は、アメリカや世界を裏から支配してきた「世界金融支配体制」であることがわかります。彼のいう「America First（アメリカ第一）」という意味は、富を独占してきた一部の金融支配者から本来享受すべき「大衆」に豊かさを取り戻そうという意味なのです。

その最大の金融支配者の仕掛けが、「朝鮮半島（南北対立）構造」です。それを崩しにかかったのが、今回の「戦争終結」までのシナリオと見ることができます。そのシンボル的イベントが「北朝鮮の核放棄」ではないでしょうか。

もっとも、これまで世界を支配し、利益のためには数々の戦争を起こしたり、テロで大統領さえも自由に殺害することができる世界金融支配体制の力は強大です。一筋縄にはいかないでしょう。

しかし、トランプ大統領と彼の意思を継ぐ後継者が政権を維持する限り、彼らと虚々実々の闘争をしながら、南北和解と北朝鮮の核放棄が進んでいくのではないでしょうか。

不戦のヤマトは世界の燭光

さて、国家は人の集まりです。人は、何のためにこの地球に生まれ、死んでいくのでしょうか。

人は、3次元の肉体に宿ってさまざまな体験を何度も繰り返し、魂を成長させ、やがてこの地球そのものも成長した「愛の社会」にするために、「今」「ここで」生きていることがわかってきました。

そうです。「ヤマトごころ」の「ガイア思考」が世界を救うのです。化学物質、放射能、戦争などヒトの手でこの地球号は滅びの道を突き進んでいます。今こそ、地球号が本来向かうべき「ガイア意識文明」を認識するときではないでしょうか。自然とともに生きてきた和の国・日本人こそ、実は高次元の「全地球的意識文明」への導き手なのです。真の日本独立と表裏一体といえます。

その覚醒のため、世界のヒーリング音楽創設者のＭＡＲＴＨ（マース）氏の音楽と、映像「東への道」を紹介します。ネットで「ＭＡＲＴＨ書き下ろしメッセージ 歌詞入り」で検索すれば、YouTube《ユーチューブ》で観られます。

日本人のルーツは失われたユダヤ10支族だともいわれています。「すべては一つ」ゆえに、敵をも愛するからこそ、決して戦うことなく東の地に逃れ理想の愛の社会・ヤマトを築いていったのです。人生でそれを追体験したＭＡＲＴＨ氏の音楽が、眠っていたヤマトのＤＮＡをオンにすることでしょう。

日本の蘇りを信じて……。

（２０１９年３月）

2019年を一言でいえば……「ついに大峠」

24 西宮市の紋章・ダビデの六芒星の秘密

3年前に、何かに導かれるように住み着いた西宮市。京都の西に瀬織津姫を祀る廣田神社があるから西の宮と呼ばれてきました。

その昔、朝鮮半島系の中臣（藤原）が天下を取り、摂関政治をおこなうようになりました。統治の正当性を理論づけするために、古事記編纂時から本来男神の天照大神を女神とし、男子の藤原が政をするとしました。そのため、天照大神の妃の瀬織津姫を神話から封印したのです。その大事なヤマトの瀬織津姫を、かつて古代王国の栄えた六甲山の麓の西宮の氏子たちが祀ってきたのです。

その西宮市の紋章が、ダビデの六芒星の中に西一字。地元には伝説があります。

神の真の愛の教えを伝える失われたイスラエル10支族が、似非キリスト者たちと戦わず東への道を歩み、やがて列島の淡路島にたどり着き、ヤマトをつくり、瀬織津姫も守ってきた、と。

さらに伝説は続きます。彼らの去った世界、つまりヤマトの国以外は、エゴの争いが繰り返され、最期は世界中が「泥」で覆われ終焉《しゅうえん》を迎える。そのときに、ヤマトの人々が世界に派遣され、使える魂《たましい》を拾い上げ、天から舞い降りた神々とともに、理想の社会を創造する……。

戦後史を振り返れば見えてくるもの

今、人類史上最大のターニングポイントを迎えているといわれています。

特に、エゴの金融資本主義体制が崩壊し、これに代わる自然や地球のあらゆる人々と共生する人類本来の社会体制の到来が来るだろうといわれています。そのように人類が舵を切り替えない限り、宇宙神あるいはガイアから落第生として見限られ、地上から人類は消されるでしょう。その焦点が2019年ともいわれています。果たして今年はどんな年になるのでしょうか。

まず、「崩壊の坂道」を転げ落ちている現代資本主義体制の歩みを概観してみましょう。それには、日本の学校教育では教えない「戦後史」を分析することです。大東亜戦争（第二次世界大戦）から現代までを、箇条書きでまとめます。

❶世界金融支配体制の意を汲んだアメリカルーズベルト大統領は、枢軸国、特に日本を「悪の枢軸」として位置づけ、その他の国々を正義の連合国（UN）として組織化して、世界大戦を遂行しました。ちなみにこれは、湾岸戦争時の有志連合、あるいは北朝鮮など「悪の枢軸」指定と同じ「構図」で、かれらの戦争「事業」推進の原点といえます。

❷窮鼠猫を噛むといわれますが、その「自衛」戦争の緒戦で日本軍はアジアから白人を追い出し、400年に及ぶ白人による植民地支配体制に終止符を打ちました。これは、現代人類史の一つのターニングポイントといって

もいい快挙でしょう。

❸最終的に、原発2個と東京大空襲など、日本のほとんどの都市を爆撃で焼き払って壊滅、日本軍を完全に解体した上で、米軍は軍事占領を果たしました。なお、市民への爆撃などを禁じたジュネーブ条約に完全に違反する空襲でした。アジアを解放した日本軍が、住民一人も傷つけなかったことと比較すれば一目瞭然で、どちらに「正義」があったかわかるというものです。

❹世界金融支配体制は、アメリカを使って日本を未来永劫支配下に置くとともに、「金のなる木」としての搾取・活用を謀りました。

❺このため、日本の再軍備を禁じ、国連軍の名を借りた米軍が日本を守ることにしました。また、日本軍、特に陸軍＝悪、米軍＝正義などの「洗脳」を、6年間の占領政策の目玉として教育、メディアなどで徹底しておこなって、「国体改造」を謀りました。

❻朝鮮戦争で、「国連軍」構想は絵に描いた餅となりました。平和を愛好し

戦後の世界の指導国であったはずの米・ソ・中が戦ったのですから。その一方で米軍にとって、「不沈空母」としての日本、特に北朝鮮有事における「兵站基地」としての日本の役割が明確になりました。

❼そのため、日本の独立を回復させた以降も、米軍が占領体制と同じく、「自由に配備」し、「国境を超えて自由に行動」できることが極めて重要となりました。

❽こうして、日米安全保障条約で独立回復後も米軍の駐留を認め、肝心な取り決めは国会の承認のいらない行政文書の「日米地位協定」で規定し、さらに具体的事項は、国会への報告義務もない「日米合同委員会」で決めることにしました。

つまり、治外法権つきの米軍駐留下、植民地国家としてさまざまな形で金融収奪される体制です。「お金」もさることながら、極めて問題なことは、化学物質・放射能・遺伝子組み換え食品・電磁波などなどでＤＮＡを破壊され、戦後の三代で日本人の大半が人口削減されているという事実です。

世界の目覚めた国の人々が、これら戦後の世界金融支配体制企業の「社会毒」を排除して「滅びの道」から「健康への道」へ転換している中で、逆に日本だけがこれらの製品、たとえば抗がん剤・子宮頸がんワクチン・遺伝子組み換え食品などの受け入れを増大しています。

また、フクシマから放射性水蒸気や汚染水、あるいはセシウムボールが日々飛んできているトンデモない状況にかかわらず、国を挙げて原発の再稼働、外国への売り込みを図るという「異常」に、国民の大半はまったく無関心です。

これらはいまだ日本は、世界金融支配体制に完璧に占領されているということの証左です。

2019年に大峠が……

さて、伝説によれば、宇宙文明の仲間入りをする「弥勒の世」は3段階で達成されます。

まず123（ひふみ）の段階で、中心に最高霊の「スメラミコト」（天皇）が降臨。具体的には1945年8月15日、敗戦で天皇陛下が軍服を脱いだとき。

次に345（みよいず）の段階で、国造り。今は、まさにミロクの世に相応しい社会、組織づくりのときなのです。にもかかわらず、植民地体制で日本人の覚醒が封印されています。

そして、最期の567（みろく）の10年間でいっきにミロクの世が完成する。その始まりが実は、2020年。だから、新たな天皇陛下の御代となるともいえます。問題は、2020年からのミロクの時代には、それに相応しい霊格を持った人でないと住めないという現実です。具体的には、愛の度数が800以上のひと（霊人）。ちなみに、キリストや仏陀で1000ぐらいといわれています。

では、それ以下の人はどうなるのか？

ズバリ、大峠で淘汰《とうた》されます。要は、地球自体が5次元の星になるので、もう地球に転生して生まれ変わりはできない、とのことです。

要は、これから始まる地震、噴火、あるいはポールシフトなどは、８００以下の人々を淘汰するための、ガイア自身の最期の「決断」ともいえます。つまり、このままエゴの増大する世界金融支配体制などに任せていたら、ガイアのシステム自身が終焉を迎えてしまうから……。

状況によれば、全人類が一度「泥」に覆われるかも知れない。そのときに、高次元の宇宙の仲間が、使える魂を拾い上げる「宇宙艦隊」も既に地球の周りで待機している……。

逆に、皆が高いレベルなら、自然現象の天変地異も最小限の被害で終わる、ということもいえます。

ヤマトごころに帰ろう……

我々は、何のために「今」「ここに」生きているのでしょうか。３次元の肉体を借りてさまざまな体験を通じて、愛の波動をあげて、卒業して次の５次元の世界にいく……。

もう、憎しみや、戦いや、差別、被差別の体験は十分ではないでしょうか。考えてみれば、どこで大峠を迎えても、８００の愛の波動の生き方をしておけば、大丈夫ということです。伝説にもありますが、もともと日本人は、愛を実践するために、あえて戦わず東の道へ東の道へ避けて、列島で戦いのない理想の社会を実現していた民族です。明治維新以降、特に敗戦後は米軍占領下、世界金融支配体制の支配下に陥りましたが、大峠を迎える今、地球人類のために、まず日本人自身が本来の「天命」に覚醒するときです。実際の事象は人の意識でずれますが、大峠の直前には間違いありません。

「今」「ここに」生きる日本人には、ヤマトの本来のこころを取り戻し、「すべては一つ」の愛の心をもって、泥の世界へ本来の地球文明再構築に向かう「天命」が待っています。

その覚悟がありますか？

（２０１９年４月）

おわりに

今から9年前の２０１０年7月、つまり41年間の自衛隊生活を終える5ヵ月前に『空手道マガジン』の中地編集長から突然のメールをいただきました。

「『サムライの空手道（仮称）』で、半生・物語・コラム・空手道の奥の深さなどを、12回の連載で書いてほしい」との内容でした。

その1年前に現役自衛官として世の中の真実を解く『マインドコントロール』（ビジネス社）を出版し、引き続き原発が地震で冷却水が途絶え爆発する危険性を指摘する『マインドコントロール2』の執筆中でもありました。

ネット上では、「トンデモ幹部」の「風評被害」もあり、退官後の「生き様」の肚決めをしなければならないときでした。

メールが来る前の週、全日本実業団空手道連盟理事長として空手道大会後の懇親会に出席したときに、隣に居合わせた編集長と故中山主席師範の思い出話で盛り上がったことが依頼に至ったきっかけだったと思います。

まだ自衛官現役中でしたが、試合偏重のスポーツ化が懸念もされ、空手道の神髄に関することならば問題ないと判断し、1年限りの連載としてスタートしました。


そして、その連載中の翌2011年3月11日、「3・11フクシマ」が起こってしまったのです。『マインドコントロール2』(ビジネス社)で指摘した最悪の事態でした。

さらに驚いたのは、メルトダウンを隠し、国民を放射能汚染で危険にさらしながら、まだ原発利権で儲けようとする為政者たちの姿勢です。このままでは日本民族は「滅びの道」をまっしぐらに突き進んでしまう……。

約束の1年の連載が終えたときには、自衛隊の就職援護を断り、どこにも属さず、孤高の「真実の語り部」として第2の人生を生きると決断していました。真実さえわかれば、日本人のDNAが感応し、滅びの道から「永久の道」へ生き方が変わる、つまり日本が変わると確信していたからです。

それは、私自身のそれまでの体験でもあったのです。

幸いにも引き続きの連載を依頼され、タイトルも『我が日本を憂う』となり「思ったことを何でも書いていい」と。つまり、確実に月一度、真実の語り部として「公表」できる場を与えていただいたのです。そして今年中に100回目に到達します。

3年前に瀬織津姫を祀る廣田神社のある西宮市に転居してきたおかげで、2680年前に神の啓示でイザヤ・ナギット（神話では伊弉諾：いざなぎ）が、愛を失ったアラビアのエルサレムからヤマトの民（聖書では「失われたイスラエル10支族」）を、この列島に連れてきたことがわかりました。いわゆる改ざんされている聖書から消された「東への道」です。縄文のすべてのものと平和に共生する文明基盤の中で改めて「愛の国」を再興するためです。

世界金融支配体制で支配された文明は、進化の基盤となるＤＮＡを破壊するがゆえに、やがて崩壊（泥の海）させられてしまいます。その後、愛を基盤とするヤマトの民が、泥の海で使える魂を救いあげ、宇宙の叡智とともに地球を本来の「愛の星」にしていく……。

果たして、この預言どおりに歴史は進んでいくのでしょうか。

泥の海、つまり分離感に基づく現代エゴ文明を一度破壊するということですから、かなりの天変地異もこれから起きると予期されます。それへの対処、サバイバルも考えなくてはなりません。

さらに肝心なことは、世界を救う我々ヤマトの現状です。愛の国どころか、エゴが蔓延し、世界で最も滅びの道を歩んでいるのではないでしょうか。

今こそ、日本人の地球史的役割を再認識するときです。それには、やはり、草の根口コミで真実をひろめて、「愛の意識」を上げるほかありません。

私も引き続き、情報発信と地道な講演活動、そして愛媛の実家での安全な米づくりなどで、その一端を担いたいと思います。呼ばれればどこでも参ります。よろしくお願いいたします。

また、世界のヒーリング音楽界で有名なＭＡＲＴＨ氏が、命を賭して「東への道」を歌っています。ぜひ「ＭＡＲＴＨ」「東への道」で検索して、ご確認ください。

２６８０年後の子孫へ、愛の星へと切り替えた先祖の一人として語り継がれていますように……。

そんな今生で終われればと思います。

池田整治

著　者　**池田整治**（Seiji Ikeda）

1955年3月22日、愛媛県生まれ。“陸上自衛隊少年工科学校”から“防衛大学校”に進学。空手道部に入部、中山正敏先生に薫陶を受ける。陸上自衛隊第49普通科連隊長、陸上自衛隊小平学校人事教育部長（陸将補）を最後に平成22年退官。東藝術倶楽部・顧問。現在、講演・執筆と多忙。

日本《にほん》を救《すく》うのは「ヤマトごころ」と「武士道《ぶしどう》」の復活《ふっかつ》

2019年10月1日　第1版第1刷発行

著　者………………池田整治《いけだせいじ》
発行所………………株式会社チャンプ
〒166-0003 東京都杉並区高円寺4-19-3　総和第二ビル2F
TEL 03-3315-3190　FAX 03-3312-8207
ホームページ………http://www.champ-karate.com

印刷・製本…………シナノ印刷株式会社
〒171-0014 東京都豊島区池袋4-32-8
TEL 03-5911-3355　FAX 03-5911-3356

ISBN978-4-86344-023-4